"创意与思维创新"
数字媒体艺术专业新形态精品系列

互联网产品设计

用户体验与UI交互

石云平 徐强 刘丽萍◎主编

李永文 左子昂 李可◎副主编

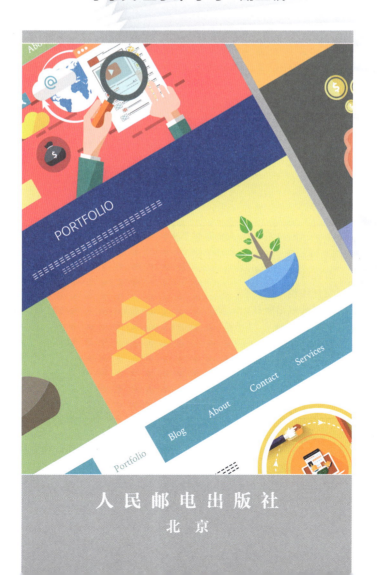

人民邮电出版社

北 京

图书在版编目（CIP）数据

互联网产品设计 ：用户体验与UI交互 ：附微课视频/
石云平，徐强，刘丽萍主编. -- 北京 ：人民邮电出版社，
2024.1
（"创意与思维创新"数字媒体艺术专业新形态精品
系列）
ISBN 978-7-115-62832-9

Ⅰ.①互… Ⅱ.①石… ②徐… ③刘… Ⅲ.①互联网
络－应用－产品设计 Ⅳ.①B472-39

中国国家版本馆CIP数据核字(2023)第189837号

内 容 提 要

　　本书内容丰富，对互联网产品用户体验设计与交互设计的全流程进行了全面、细致的讲解，注重理论知识与实践操作的融合。本书共 9 章，内容包括互联网产品设计思维、用户研究、需求解读、用户体验设计、电子原型草图设计、Axure RP9.0 应用基础、产品视觉表现、互联网产品设计案例和互联网产品设计行业的发展与未来。

　　本书适合作为高等院校数字媒体、艺术设计等相关专业的教材，也可以作为各类互联网产品设计相关从业人员的参考书。

◆ 主　编　石云平　徐　强　刘丽萍
　　副主编　李永文　左子昂　李　可
　　责任编辑　韦雅雪
　　责任印制　陈　犇
◆ 人民邮电出版社出版发行　　北京市丰台区成寿寺路 11 号
　　邮编　100164　　电子邮件　315@ptpress.com.cn
　　网址　https://www.ptpress.com.cn
　　天津善印科技有限公司印刷
◆ 开本：787×1092　1/16
　　印张：13.75　　　　　　　　　　2024 年 1 月第 1 版
　　字数：423 千字　　　　　　　2025 年 8 月天津第 6 次印刷

定价：79.80 元
读者服务热线：(010)81055256　印装质量热线：(010)81055316
反盗版热线：(010)81055315

随着互联网产品行业的不断发展，市场对互联网产品设计师的需求量越来越大。很多院校都开设了用户体验设计、UI设计、交互设计等与互联网产品设计密切相关的课程。党的二十大报告中提到："教育、科技、人才是全面建设社会主义现代化国家的基础性、战略性支撑。"为了帮助各类院校培养优秀的互联网产品设计人才，编者深入调研院校教学需求和企业实践需求，认真总结教材编写经验，梳理互联网产品用户体验设计与UI交互设计的全流程，编写了本书。

本书作者从事UI交互设计教学工作多年，主讲的"交互式界面设计"慕课被评为陕西省精品在线开放课程，并在"中国大学MOOC"平台上线，读者可配合慕课学习本书。

本书主要具有以下特色。

（1）内容全面，涵盖用户体验设计和UI交互设计的核心内容，理论讲解细致、深入。

（2）以行业需求为导向，引入真实企业案例，结合行业前沿知识，帮助读者提升实战能力。

（3）注重知识点的可视化呈现，每章首提供知识结构思维导图，正文中也大量使用思维导图的形式来梳理重难点。

（4）学练结合，每章末提供相应的练习题，帮助读者巩固所学知识。

（5）配套微课和慕课，支持混合式教学。

（6）提供教学课件、教学大纲、素材、源文件等丰富的教辅资源，教师可登录人邮教育社区（www.ryjiaoyu.com），在本书页面中免费下载。

本书由石云平、刘丽萍、李永文统稿，徐强作为企业指导全程参与本书所有章节的编写。其中，第1章、第3章、第5章、第7章主要由石云平、刘丽萍、左子昂、李可撰写，第2

章、第4章、第8章主要由石云平、刘丽萍撰写，第6章主要由李永文撰写，第9章由徐强撰写。左子昂、李可全程参与了本书图片素材的整理和绘制，并完成了本书配套PPT的设计与制作。

由于编者水平有限，书中疏漏之处在所难免，恳请广大读者批评指正。

编者

2023年秋

目录

Contents

第 **1** 章

互联网产品设计思维

产品是互联网的基石，"以用户为中心"是互联网产品设计中最重要的思维。互联网产品设计思维是在移动互联网、大数据、云计算等技术不断发展的背景下，对市场、用户、产品、企业价值乃至整个商业生态进行重新审视的思考方式。在与用户沟通的过程中，要注重用户体验。在产品定位上，力求专注、简单；在产品设计上，力求简洁、简约；在设计产品时，要注重用户思维、简约思维、极致思维、迭代思维、流量思维、社会化思维、大数据思维、平台思维和跨界思维。

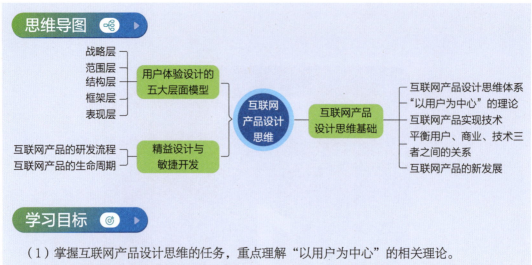

学习目标

（1）掌握互联网产品设计思维的任务，重点理解"以用户为中心"的相关理论。
（2）重点掌握用户体验设计的五大层面模型，理解各层面模型的目标、方法和输出形式。
（3）了解互联网产品研发的一般流程。
（4）理解研究互联网产品生命周期的重要性，掌握做长效产品的策略。
（5）真正理解互联网产品设计思维的价值和内涵。

1.1 互联网产品设计思维基础

互联网产品设计思维具有很强的互动性、联系性和兼容性，能够加强用户与用户之间、用户与产品之间的互动，使设计更具人性化。在传统的设计中，产品和用户之间的关系比较单一，而互联网产品设计思维强调的是用户与产品间的互动、用户的参与和功能的多维度，体现出"人人都是设计师"，设计师和用户之间的界限变得越来越模糊。用户的需求、意见和建议成为设计和研发产品的主要指导，设计趋向人性化，这就需要不断拓展新的边界，丰富精神内涵，深度契合品牌文化，提升品牌价值。

1.1.1 互联网产品设计思维体系

1. 什么是互联网产品

互联网产品的概念是从传统意义上的"产品"延伸而来的，是在互联网领域中产出而用于经营的商品，它是满足互联网用户需求的无形载体。

简单来说，互联网产品是指为满足用户需求、解决用户痛点设计和开发的，用于运营的功能和服务的集合。例如，新浪的产品有"新闻"，腾讯的产品有"微信"和"QQ"，博客网的产品有"博客"，网易的产品有"邮箱"，百度的产品有"搜索引擎"等。

互联网产品可以通过T字模型来定义，横向是产品的信息架构，产品通过导航控件引导用户进行内容浏览和功能体验，纵向是用户通过产品页面进行的获取有用信息的流程，如图1-1所示。

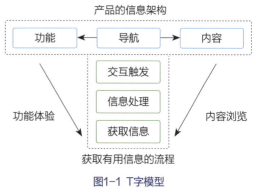

图1-1 T字模型

2. 互联网产品的分类

互联网产品的一个重要任务是通过用户需求分析和市场调研区分出哪些是用户的伪需求，哪些是用户共有的真正需求，坚持不懈地把能满足用户共有需求的主要资源投入互联网产品中，这样才能把产品做好。

互联网产品的分类如图1-2所示。

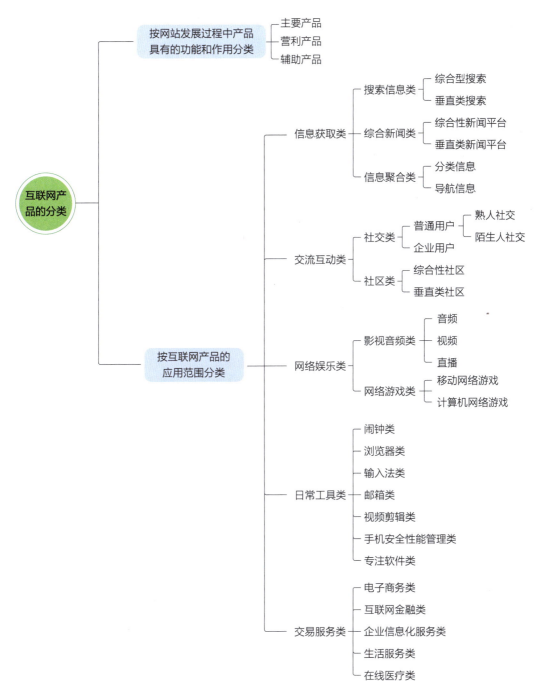

图1-2 互联网产品的分类

（1）按网站发展过程中产品具有的功能和作用分类

按照这种分类方法，可以将互联网产品分为三大类，分别是主要产品、营利产品和辅助产品。

①主要产品。主要产品也称为大众需求产品，是指为满足大众需求而设计的产品，这类产品主要用于赢得公信力，目的非营利或营利模式比较单一。例如，新浪的"新闻"、腾讯的"QQ"、网易的"邮箱"、百度的"搜索引擎"，这些基本都免费为大众服务。

②营利产品。营利产品的用户群体相对较小，满足小部分用户的需求，但有较大的盈利空间，例如，百度的"推广"等付费服务。

③辅助产品。辅助产品能为网站带来少量流量或收入，产品本身的优势较弱，以辅助以上两种产品为主，但是网站中不可或缺的产品。

（2）按互联网产品的应用范围分类

按照这种分类方法，可以将互联网产品分为五大类，分别是信息获取类、交流互动类、网络娱乐类、日常工具类和交易服务类。

①信息获取类以获取信息为主要目的，包括搜索信息类、综合新闻类和信息聚合类。搜索信息类是用户主动对信息进行检索，可在模糊查询的情况下获取互联网中所有相关的数据，代表产品有百度、谷歌等。综合新闻类是用户被动地对信息进行浏览，用户只能在已有的信息中选择浏览或聚焦到某一个子领域的新闻平台，代表产品有今日头条、网易新闻、虎嗅、36氪等。信息聚合类是将用户最常用的信息整合到一起，方便用户快速查找和使用，线上与线下结合，代表产品有大众点评、58同城、Hao123等。

②交流互动类以互动交流为主要目的，包括社交类和社区类。社交类产品按照目标用户群体的差异可以分为普通用户社交产品和企业用户社交产品。普通用户社交的代表产品主要有微信、QQ等。企业用户社交主要针对的是职场场景，代表产品有企业微信、钉钉等。社区类产品可以细分为综合性社区产品和垂直类社区产品。综合性社区产品的代表有微博、知乎等，垂直类社区产品的代表有核心功能为菜谱分享的下厨房和豆果美食、人人都是产品经理社区、PMCAFF社区等。

③网络娱乐类以互动娱乐为主要目的，包括影视音频类和网络游戏类。影视音频类以音频、视频和直播为代表，可以满足用户主动或被动获取娱乐的需求。音频类的代表产品有QQ音乐、网易云音乐、酷狗音乐等；视频类的代表产品有腾讯视频、爱奇艺、搜狐视频、优酷等；直播类的代表产品有抖音、快手。网络游戏主要以移动网络游戏和计算机网络游戏为主，移动网络游戏的代表产品有王者荣耀、和平精英等；计算机网络游戏的代表产品有绝地求生等。

④日常工具类以帮助用户提升工作、学习等的效率为主要目的，包括闹钟类、浏览器类、输入法类、邮箱类、视频剪辑类、手机安全性能管理类、专注软件类等。该类包含的互联网产品比较多，为了使表达更清晰，用思维导图的形式进行展示，如图1-3所示。

图1-3 日常工具类

⑤交易服务类以线上支付方式获取产品或服务为主要目的，包括电子商务类、互联网金融类、企业信息化服务类、生活服务类和在线医疗类等。电子商务类以综合电商和垂直电商为代表，可以满足用户对商品的需求，综合电商的代表产品有淘宝、京东等，垂直电商的代表产品有天猫国际、盒马、每日优鲜、网易严选等。互联网金融类以为用户提供金融服务为主，代表产品有支付宝、蚂蚁花呗、京东白条等。企业信息化服务类主要包含的服务有办公管理（如OA系统）、供应链管理、仓库管理、招投标管理、客户关系管理、人力资源管理、财务管理等。生活服务类提供的是与人们日常生活相关的交易服务，代表产品有携程、美团外卖、猫眼等。在线医疗类比较常见的是提供药品配送和在线问诊服务，代表产品有平安健康、叮当快药等。

3. 互联网产品设计九大思维

互联网产品设计九大思维分别为用户思维、简约思维、极致思维、迭代思维、流量思维、社会化思维、大数据思维、平台思维和跨界思维，下面一一进行介绍。

（1）用户思维

用户思维是以用户为导向，而不是以产品为导向，要考虑用户是谁、他们的真实需求是什么，同时深度理解用户，增强用户黏性，让用户积极参与设计与反馈。美国营销专家劳特朋教授在1990年提出的4C营销理论就是以用户为中心，包括顾客（Customer）、成本（Cost）、便利（Convenience）、沟通（Communication）4个方面，通过该理论可以更好地理解用户思维，具体内容如图1-4所示。

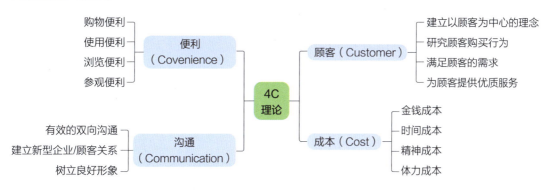

图1-4 4C营销理论

（2）简约思维

简约思维的核心体现在设计互联网产品时，力求专注、简约。通常不追求大而全的功能设计，而是抓住用户某个核心痛点，针对性地设计出用户群体相对明确、产品定位准确的互联网产品。在产品功能、外观和操作流程上尽量做到"突出重点、一目了然"，减少用户思考的时间。简约思维遵循专注和简约的原则，具体如图1-5所示。

图1-5 简约思维遵循的原则

（3）极致思维

极致思维是关于产品和服务体验的一种思维方式，要求产品经理能够在自然体验、信任体验和共享体验方面把服务做到极致，打造让用户"尖叫"的产品。极致思维遵循的原则如图1-6所示。

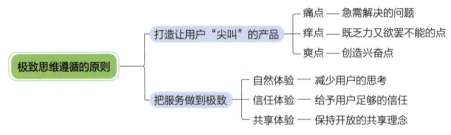

图1-6 极致思维遵循的原则

（4）迭代思维

迭代思维是关于发现问题、解决问题的一种思维方式，根据市场和用户需求，以"小步快跑"的节奏做小需求（功能、Bug优化等），以定期的节奏做大需求（新模块、UI改版等），不断推出新的版本来满足或引领需求，让用户和市场的反馈作为设计决策的部分依据，提升产品竞争力。产品迭代通常从功能和形式两方面进行，功能上主要体现为增加和优化功能，形式上主要体现为产品视觉设计上的改进和交互方式上的创新或提升。迭代思维的核心如图1-7所示。

图1-7 迭代思维的核心

（5）流量思维

互联网产品大多应用免费商业模式，不向用户直接收费，而是把有价值的产品免费提供给用户，让用户留下来，吸引潜在用户，等积累了一定流量后进行增值收费。同时，使用户成为产品的一部分，激励用户进行创造，生成高价值产品；用户在创造的同时还能自发形成多层次、多样性的网络单元，使互联网产品扩展为一个复杂的生态系统，自行繁荣壮大。流量思维的核心如图1-8所示。

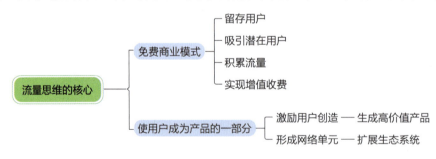

图1-8 流量思维的核心

（6）社会化思维

社会化思维的核心是"网"，公司面对的用户以"网"的形式存在。利用互联网的传播特性，促成产品从社交网络向社会化媒体渗透，制订口碑推广计划，让先导型用户自动传播对产品和服务的良好评价，让普通用户通过口碑了解产品，最终树立产品和品牌形象，达到推广产品和提供服务的目的。社会化思维的核心如图1-9所示。

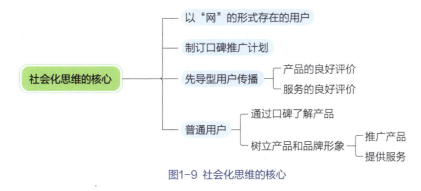

图1-9 社会化思维的核心

（7）大数据思维

在大数据时代，用户在使用产品的过程中会产生庞大的数据，通过对大数据进行分析，可以总结出每一位用户的行为特征。然后根据用户的行为特征给用户打标签，制作用户画像，从而更好地为用户推送相关产品。在现在以及未来，大数据资产将成为企业的核心竞争力。大数据思维的核心如图1-10所示。

图1-10 大数据思维的核心

（8）平台思维

平台是一种开放、共享、搭载内容的媒介。在战略和商业模式层面，互联网产品的平台思维就是开放和共享，打造多方共赢的生态圈，代表产品有微信，该产品初期是点对点的社交体系，后来引入朋友圈、微信支付、微信定位、搜一搜、小程序等功能，逐步被打造成一个平台。平台思维的核心是通过"爆品"引流，将引来的量级客户打造成超级平台，实现流量变现。平台思维的内涵如图1-11所示。

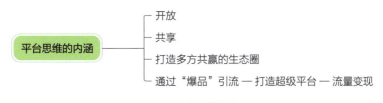

图1-11 平台思维的内涵

（9）跨界思维

跨界思维的核心思路是通过自身的产品或业务，整合其他行业相关联的产品和服务，打造生态圈利益链；特点是以自身产品为核心和主导，辐射其他行业，开拓新的业务，挖掘和利用行业之间的跨界合作机会，拓展新的市场空间，创造出跨界产品，从而满足用户需求，增强产品竞争力；目的是实现自身与合作方的共赢。跨界思维的内涵如图1-12所示。

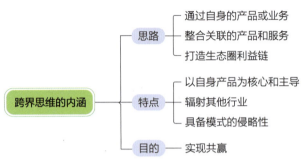

图1-12 跨界思维的内涵

1.1.2 "以用户为中心"的理论

1. 什么是UCD

UCD（User Centered Design）是一种设计方法，以用户为中心，以用户体验为核心，从用户的心理和行为出发，设计出满足用户需求的有效系统，它的核心思想是根据用户的需求来设计产品。UCD是一个持续迭代的过程，分为4个阶段，如图1-13所示。

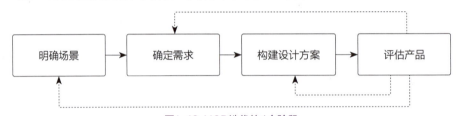

图1-13 UCD迭代的4个阶段

（1）明确场景。明确互联网产品的核心用户是谁，促使用户使用该产品的动力是什么，用户有什么诉求，以及用户在什么情况下使用该产品。

（2）确定需求。明确场景后，进行论证分析，确定特定用户的需求。

（3）构建设计方案。根据互联网产品的设计目标和用户需求，从结构设计、交互设计、技术设计和产品表现形式等方面确定产品设计方案。

（4）评估产品。评估人员可以进行可用性测试、数据分析、用户反馈、产品推广、产品优化等，以确保产品达到用户的期望。这是获得用户反馈至关重要的一步，是产品迭代优化的主要驱动力。

2. "以用户为中心"的核心思想

"以用户为中心"的核心思想是将用户的体验放在第一位，关注用户的功能需求，根据用户需求进行设计、开发、测试和运营，以确保最终达到用户的期望。

在商业领域，"以用户为中心"的思想可以帮助公司更好地了解用户的行为习惯和需求，充分考虑用户因素，提高产品质量，获得更高的用户满意度。"以用户为中心"的思想有助于企业提高产品的市场占有率，降低市场发布的成本，提高市场营销的效率。"以用户为中心"的思想还有助于企业更好地运用用户调查、用户分析等方法，及时发现和解决用户的问题，帮助企业更好地了解市场需求，提高企业的竞争力。

总之，"以用户为中心"的思想是企业成功发展的必备策略，可以有效增强企业的核心竞争力，提高经济效益，满足用户的需求。

1.1.3 互联网产品实现技术

互联网产品多指App形态的手机应用软件，代表产品有QQ、微信、美团、小红书等。此外，

H5网页、小程序等其他移动端的应用形态也属于手机应用软件。互联网产品的开发带来了更丰富的使用体验，用户群体越来越多，所以很多企业都想开发互联网产品来获取更多的互联网流量。

1. App形态的手机应用软件常用的实现方式

目前主流的实现方式有4种，分别是原生App开发、Web App开发、混合App开发和免编程App开发。

（1）原生App开发

原生App（Native App）开发是使用安卓或者苹果官方推出的开发语言和开发工具分别进行App开发。它的特点是开发的App功能多、性能好、用户体验好、页面交互效果佳，但是开发难度大，需要开发人员分别进行安卓和苹果系统的开发。原生App开发安卓版应用软件通过Android Studio、Eclipse等进行开发，原生App开发苹果版应用软件主要通过Xcode等进行开发。

（2）Web App开发

Web App开发简单来说就是开发一个网站，然后套上App的"壳"。Web App一般非常小，内容是App内的网页展示，受制于网页技术本身，可实现的功能少，每次打开App几乎所有的内容都需要重新加载，当内容加载过多时就容易卡死，用户体验相对较差。Web App开发通常使用JavaScript、CSS3、HTML或HTML5等进行开发，服务器端使用Java、PHP、ASP等。

（3）混合App开发

混合App（Hybrid App）开发是部分使用原生App开发，部分使用Web App开发的开发模式。App核心部分采用原生App开发技术来实现各种功能和交互效果，非核心部分采用Web App开发技术，节省开发时间。混合App开发的功能、开发周期、费用等介于前两种实现方式之间，但是目前技术不成熟，市场缺乏跨语言的开发人才。

（4）免编程App开发

免编程App开发主要借助免编程App制作平台，围绕企业数据和业务管理需求，通过可视化方式设计数据结构、用户交互形式，以及设置访问权限和定义工作流程。目前市面上大多数免编程App开发的方式都是使用预先开发好的模块来为需求方快速搭建项目功能。

2. UI设计师为什么要了解开发技术

（1）提升团队协作能力

对于团队而言，每个成员只有清楚其他成员在做什么，才能更好地理解自身工作的目的与价值。虽然UI设计师离产品开发、前端开发、后端开发、数据库很遥远，但却与前端链路的开发技术有着紧密的联系，如图1-14所示。设计师和开发者的关系就是规划者与执行者的关系，如果UI设计师了解前端代码，则在发挥自身优势做好本职工作的同时，还可以考虑前端开发能否实现预设的效果。这样做不仅提高了与团队成员的工作配合默契度，还能有效提高团队协作能力。

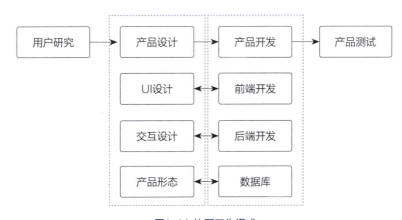

图1-14 协同工作模式

（2）有效促进页面设计

UI设计师学习前端代码基础知识（如HTML基础、列表及表单、CSS基础、CSS选择器、CSS特性、CSS引入方式、盒子模型、浮动及常见布局、定位等）后，可以掌握HTML标签及语法、CSS语法、SEO（搜索引擎优化）、兼容性调试等核心技能，从而保证设计出的页面能满足用户需求，并且不会超出团队人员的实现能力。

（3）保证呈现更好的设计效果

一般情况下，前端开发工程师并不完全具备UI设计领域的基本技能，审美也可能有一定局限，有时候会因为无法实现某些交互效果而改动页面设计形式，导致页面呈现效果和设计稿存在较大差异。但是，如果UI设计师懂前端开发相关技术，就可以保证最终呈现效果和设计稿基本统一，在实际工作中也更有话语权。

1.1.4 平衡用户、商业、技术三者之间的关系

1. 互联网产品设计思维的目的

互联网产品设计思维尝试解决的是"平衡用户、商业、技术三者之间的关系"，了解此目的比了解设计思维的定义更重要，用户、商业、技术三者关系密切，互相支撑，如图1-15所示。

（1）尊重和重视用户需求。用户需求是最重要的，只有使用建立在用户需求之上的商业理念和技术实现才能取得最大的商业价值和技术成果。

（2）尽可能满足商业需求。商业思维是成功的关键，要结合具体的商业环境和用户需求，满足更多的商业需求。

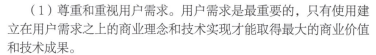

图1-15 用户、商业、技术三者之间的关系

（3）充分发挥技术的优势。技术是传达和落实用户需求和商业理念的基础，尽可能有效利用技术，满足用户和商业的需求。

综上，用户、商业和技术三者之间可以通过完善的调查、研究、分析，结合当前实际情况持续调整来实现最佳平衡。

2. 用户、商业、技术之间的影响

（1）互联网产品缺乏成熟的可用技术

假如某公司要开发一款互联网产品，它有明确的用户需求和一套成熟的推广盈利模式，但技术要求过高，目前的技术水平实现不了，那么这款产品就属于概念产品，只能作为方案展示。我们在科技博览会上看到的概念产品，有些虽然已经实现，但是是不计代价的实验室产品，从概念产品到量产是个非常漫长的过程。目前，清洁能源的使用一直是人类急需解决的问题，产品需求与商业价值很高，但技术上一直是个难题。太阳能汽车的概念最早诞生于1960年（见图1-16），2022年，荷兰Lightyear公司经过多次测试、迭代和设计，生产出了首款搭载太阳能充电功能并且能够量产的汽车，如图1-17所示。

图1-16 世界上第一辆太阳能汽车　　图1-17 第一款量产太阳能汽车

（2）互联网产品缺乏商业盈利模式

假如某互联网产品有明确的用户需求，技术方面也可以实现，但缺乏清晰的商业盈利模式，这

款产品如果被投入市场，则很有可能在市场的激烈竞争中败下阵来。而一个利用现有常见技术实现的产品，即使市场已经存在相似的产品，只要商业盈利模式有所创新，依然可以做得很好。这样的代表产品有"拼多多"，它采取"集中采购、分散销售"的模式，整合线上、线下渠道，将支付、配送、客服等操作统一管理，提升消费体验。同时，它将社交元素与购物体验结合，将社交网络变成购物场所，充分满足了消费者参与活动、获取信息和分享购物体验的需求。

（3）互联网产品的用户需求场景不明确

很多设计师都能理解互联网产品设计思维，但依然有很多设计师在设计互联网产品时对用户需求场景不明确，导致产品功能不能满足用户的真实需求，从而影响用户的体验。例如，一个笔记本加充电宝的"智能笔记本"方案（见图1-18），这个产品看似满足了用户的需求：用户在上课或者开会时，如果手机没电了，就可以使用正在记笔记的笔记本给手机充电。但经过仔细推敲，这个方案有两个严重的问题。第一，这种场景发生的概率不大。第二，包里装的笔记本越轻越好，这种组合方式却让笔记本变得更重；同时为了把充电宝做在封皮中，导致充电宝本身无法拥有常规充电宝的容量。因此，没有明确用户需求场景可能会导致产品无法受到市场的青睐。

除了实际的硬件产品之外，互联网产品在试验和内测阶段与真实上线公测阶段的表现也有可能不同。这就是为什么有些App上市之前经过各种测试没有明显Bug，但正式产品上市后，真实用户开始大量在线使用时出现很多意想不到的问题。

综上，用户、商业、技术三者之间相互影响，用户的需求和体验是商业和技术发展的基础，商业和技术的发展会影响用户体验，而用户的需求和体验又会影响商业和技术的发展。

图1-18 智能笔记本

3. 好的互联网产品的定义

好的互联网产品能够满足用户需求，提供可靠、有效且易于使用的互联网服务。这种服务有助于用户更高效地完成任务，并且能够让用户受益。

因此好的互联网产品可以从以下4个方面来定义。

（1）有明确的用户需求（明确的需求场景）。

（2）恰当的产品形态（产品形态是否符合用户的使用习惯）。

（3）相对成熟的技术（实现手段与技术的成熟度决定了产品最终的落地性、安全性和可靠性）。

（4）成熟的商业模式（包括运营模式、盈利点、产品附加值等一系列决定产品生命力和生命周期的模式）。

1.1.5　互联网产品的新发展

1. 互联网产品的发展风向

2022互联网技术与应用博览会这个极具影响力和前瞻性的互联网产业展会，为社会经济发展、企业成长、网民悦享数字生活提供了四大创新成长点。

（1）成为助力数字经济发展的新引擎

博览会举办期间，政府主管部门领导、知名院士专家，以及互联网产业链、供应链和价值链相关行业专家等齐聚深圳，同台献智，讨论数字经济未来发展。

（2）成为探索"元宇宙"的新窗口

新一代互联网技术正在不断演进，加速了数字世界与现实世界的融合。围绕新一代互联网技术及应用，博览会综合展区、主题展区、创新展区，以及虚实共生相关展区集中展示了最前沿、最领先的数字技术。

（3）成为链接"产、学、研、用"的新平台

博览会高度重视并助力展会价值链向参展企业交易环节延伸，为参展企业搭建一站式贸易数字

化服务体系平台，促成了数字贸易、数字服务和数字产业融合高质量发展。

（4）成为全景数字生活的超级体验馆

数字技术让互联网用户享受更加便捷的数字生活。基于可感知的数字场景，博览会全方位展示了互联网与大众生活的密切联系。例如，人机时代主题展区汇聚了当下最具代表性的机器人，多维度展现了人机共生智能环境下人与机器人的相处之道。

2. 互联网产品发展的新趋势

（1）硬件平台层面

移动互联网逐步渗透到人们的生活中，产业互联网、自动驾驶、物联网（Internet of Things, IoT），以及智能家居等硬件平台也在蓬勃成长。

（2）移动互联网层面

①娱乐方面。短视频仍是热门，VR/AR促进了人们对新的娱乐形式的探索。随着社交媒体的变化，传统营销模式受到了很大的冲击，加速了营销和电商渠道的整合。

②社交方面。新形态的社交应用软件会像"打地鼠游戏"中的地鼠一样不断地出现，不同场景的泛社交和陌生人社交应用软件也都还有一些发展空间。

③电商方面。国内电商、针对产业链上游的电商、跨境电商等，不论是进口还是出口，都有新的增长点，但市场规模应该还处在培育阶段。

④服务方面。美团、携程等应用在一些主要行业起到了带头作用，但仍然可以对各个服务行业进行进一步的深化细分。

⑤娱乐+电商的深度整合方面。目前，直播产业以多种方式丰富了用户在线娱乐和购物的体验，逐步建立并提升了品牌社群形象，让用户了解了品牌的最新动态，增加了品牌形象曝光度。将娱乐和电商资源有机融合，为用户提供个性化服务，实现服务的深度整合。

（3）产业互联网层面

产业互联网助力智能制造，促进制造业从"大制造"向"智能制造"转型，促使企业管理更加精细化、智能化，实现低成本、高效率的生产。同时，产业互联网还可以通过产业链、供应链、销售链的数据共享，将企业的生产、研发、供应、销售等环节联系起来，提升企业的整体竞争力。

（4）自动驾驶和深度学习层面

深度学习技术已经被应用于开发高级自动驾驶系统，以提高车辆的安全性和灵活性。深度学习的其他应用方向还在不断吸引各行各业进行投资。由于Alpha Fold（DeepMind开发的一种智能算法）的诞生，深度学习在制药等方向的应用将会成为新的爆发增长点。

3. 互联网产品的开发技术

互联网产品以满足用户需求为目标，以应用技术为核心，以商业模式为动力。设计与技术之间形成了相互作用力，"设计推动技术，技术启发设计"，任何一个时代的产品都与技术的发展有着密不可分的关系。

（1）SD-WAN技术

随着企业逐步推动混合工作环境或完整的居家办公（Work From Home，WFH）战略，软件定义广域网络（Software-Defined Networking In A Wide Area Network，SD-WAN）技术变得更加重要，SD-WAN技术如图1-19所示。许多企业尝试将临时WFH变为永久WFH，虚拟专用网络为远程工作人员实现点对点互联提供了解决方案。随着网络边缘扩展到员工家中，许多任务都由SD-WAN设备来完成，加快了企业向SD-WAN迁移的计划。

（2）5G蜂窝技术

由于移动运营商持续推出5G蜂窝技术，互联网产品发展趋势向5G蜂窝技术（概念图见图1-20）迁移，但许多计划迁移到5G的企业目前仍在用4G LTE。许多WFH企业在寻找固定5G作为解决方案，将工作系统与家庭系统分开，并为没有宽带接入的WFH员工提供互联网接入服务。

图1-19 SD-WAN技术

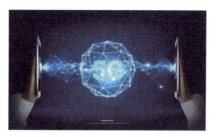

图1-20 5G蜂窝技术概念图

（3）Wi-Fi 6技术

采用WAP3加密是Wi-Fi 6（概念图见图1-21）的最大优势之一，借助WAP3能优化Wi-Fi网络质量，保证信息安全，提升用户体验。Wi-Fi 6在WFH应用方面将会持续发展，支持多种网络拓扑和多种接入方式，使用户能够更自由地在不同接入点间切换。

（4）人工智能

随着工作场所分裂为WFH和混合工作环境，远程工作人员的管理变得更具挑战性，可以使用人工智能（概念图见图1-22）对工作人员的行为进行监控和分析来协助远程管理。虽然人工智能不能完全取代人类，但它在功能扩展和环境适应方面将会有广阔的应用前景。

图1-21 Wi-Fi 6

图1-22 人工智能

（5）网络自动化

随着企业员工工作模式逐步向WFH转移，企业更趋向于应用低成本、少错误、短运行时间、高敏捷度、高效率和更加优化的网络自动化控制技术来加快网络管理任务的完成速度，实现网络安全性实时检测，有效降低网络被攻击的风险，提高企业网络管理的效率，如图1-23所示。

图1-23 网络自动化控制技术

1.2　用户体验设计的五大层面模型

用户体验设计的五大层面模型是贯穿于产品设计阶段的方法论，是将需求分析转变为需求实现一定会用到的方法。用户体验设计的五大层面模型是加勒特（Garrett）在《用户体验要素-以用户为中心的产品设计》（*The Elements of User Experience - User-Centered Design for the Web and Beyond*）中提到的概念，包括战略层（Strategy）、范围层（Scopt）、结构层（Structure）、框架层（Skeleton）、表现层（Surface），是互联网产品设计从战略设计到视觉设计，从抽象到具体的整体流程。五大层面模型从底部战略层开始建立，每一层都是其上一层的基础，无论弱化哪一层都可能导致产品设计与开发失败。用户体验设计的五大层面模型如图1-24所示。

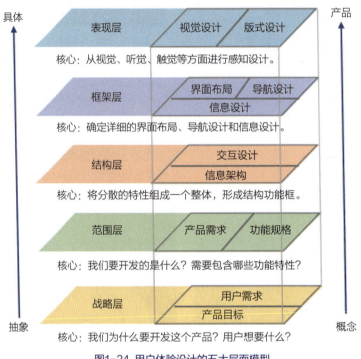

图1-24 用户体验设计的五大层面模型

1.2.1 战略层

（1）概念：战略层通过用户需求确定产品的目标和方向。通过市场调研、竞品分析等方式收集用户的需求，再筛选出核心需求，同时考虑产品差异化，从而确定产品的目标和方向。

（2）目标：战略层的目标一般根据企业需求和用户需求两方面来确立。企业需求要明确为什么要开发这个产品、规模多大、成功标准和盈利模式等；而用户需求要明确用户想要什么，如何利用人口统计学、产品本身的特点和产品相关内容等对用户进行细分，掌握具体的用户行为，从而决定为用户提供什么样的服务。

（3）方法：战略层使用的方法为市场分析法和用户研究法。在充分了解市场发展前景后，要及时通过开展用户访谈、制作用户画像、绘制同理心图、进行用户测试和创建人物角色等方法进行用户研究。

（4）输出：战略层会输出用户需求白皮书和竞品分析报告。用户需求白皮书包括数据需求、功能需求、业务需求、品牌需求和技术需求等相关内容；竞品分析报告包括交互分析、视觉分析和竞品各自的优劣性对比分析等。

1.2.2 范围层

（1）概念：范围层将产品的目标方向转化为具体的产品需求，也就是产品的业务模块，同时需要考虑需求的优先级。

（2）目标：范围层的目标一般包括确定功能规格、功能列表和需求的优先级。功能规格是满足用户需求的功能的限制性说明，要尽可能详细，它决定了需求能否被实现。

（3）方法：范围层使用的方法为BO模型法和KANO模型法。在确定功能列表时，一般先建立BO（Business Object）模型，厘清B（Business）和C（Client）之间的关系，是B to C、B to B，还是C to C。下面以淘宝为例进行BO模型的搭建，如图1-25所示。

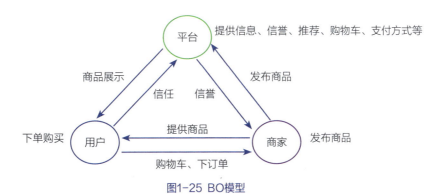

图1-25 BO模型

从图1-25所示的BO模型可以看出，淘宝为商家和用户搭建了一个交易平台，提供了发布商品、商品展示、商品推荐、购物车、下订单等功能。

一般来说，功能需求优先级排序使用KANO模型法进行，该模型法由东京理工大学教授狩野纪昭（Noriaki Kano）建立，用于分析用户对产品特性的满意度。通过分析用户对使用产品功能的满意度来对产品的功能进行调整，从而确定产品实现过程中功能的优先级。KANO模型包括必备属性、期望属性、魅力属性、无差异属性和反向属性5种类型。

①必备属性：必须满足的需求，当不提供此需求时，用户满意度会大幅降低；但优化此需求，用户满意度不会得到显著的提升。产品功能和必备属性呈正相关。

②期望属性：提供此需求，用户满意度会提升；不提供此需求，用户满意度会降低。产品功能和期望属性呈正相关。

③魅力属性：用户意想不到的、需要挖掘和洞察的需求，若不提供此需求，则用户满意度不会降低；若提供此需求，则用户满意度会有很大的提升。产品功能和魅力属性呈正相关。

④无差异属性：用户觉得可有可无的功能，无论提供或者不提供此功能，用户满意度都不会改变。产品功能与无差异需求无相关。

⑤反向属性：用户根本没有此需求，提供此功能后用户满意度反而下降。产品功能和反向属性呈负相关。

正相关表示具备程度越高，用户满意度越高；负相关表示具备程度越高，用户满意度越低；无相关表示两者间无特定关系。所以，从产品设计角度来说，必须提供必备属性，持续提升期望属性，坚决不做反向属性，有效增加魅力属性，以此对需求进行分类和排序，不断完善产品的功能，给用户带来更好的用户体验。

（4）输出：范围层一般需要输出功能文档和包含产品交付时间、人员任务分配等内容的计划文件。

1.2.3 结构层

（1）概念：结构层是对具体的需求进行设计，包括交互设计和信息架构。这个阶段需要梳理清楚需求的业务逻辑，例如，如何规划产品的最优功能实现路径、需要展现给用户什么信息等。

（2）目标：结构层关注产品各功能之间的数据及逻辑，解决如何让产品易用的问题，决定用户"从哪里来到哪里去"，其目标是进行交互设计和信息架构搭建。该层是交互设计师关注的重点。交互设计是为用户设计结构化体验，包括描述"可能的用户行为"、定义"系统如何配置和响应"这些用户行为以及容错处理等。信息架构主要研究如何保证呈现给用户的信息合理且有意义，包括设计内容分类和导航结构，提高用户获取信息的速度。

（3）方法：采用甘特图或流程图可以实现线框图和业务逻辑图的输出。在甘特图中，每一个模块或者每一个步骤会用一个框表示，各个模块或者步骤连接起来，以清晰地描述业务流程。而流程图则是使用一些图表元素，如矩形框、圆形框、折线等来表示业务流程中的步骤，同时用箭头或者连接符来表示每一个步骤之间的关联性，以清晰地展示出整个流程。

（4）输出：结构层需要输出线框图和业务逻辑图，为后面的原型设计做准备。

1.2.4 框架层

（1）概念：框架层进一步对线框图和业务逻辑图进行提炼。

（2）目标：确定详细的界面布局、导航设计和信息设计，绘制原型图。在绘制原型设计图时要具体考虑每个页面有哪些控件、需要设计哪些图标、文字信息如何规划等，主要解决组件放置和元素布局的问题。

（3）方法：通过原型设计工具（如Axure等）可以快速输出原型设计图。原型设计工具不仅可以帮助用户快速搭建一个原型，还可以帮助用户构建一个动态的原型，使用户可以便捷地进行交互设计。在进行框架层设计时需要注意一些问题，如发生错误时的处理、操作前的提醒等，具体如图1-26所示。

图1-26 框架层设计需要注意的问题

（4）输出：框架层需要输出原型设计图。

1.2.5 表现层

（1）概念：表现层从视觉、听觉、触觉3个方面进行感知设计。

（2）目标：表现层的目标是进行UI设计，对控件和排版再次设计，运用界面的一致性等规则，输出交互合理、界面排版精美、不偏离产品需求的高保真原型设计图。

（3）方法：根据互联网产品的特性，视觉设计的权重是最大的，几乎所有的互联网产品都会进行界面视觉设计，关于视觉设计如何支持功能设计，一般有以下两种方法。

①引导用户。评估一个产品的视觉设计时，要注意用户的视线首先落到了产品的哪个地方，哪个设计元素在第一时间吸引了用户的注意力。视觉设计遵循一条流畅的视线流，从视觉中心开始引导用户的视线在页面上有序移动，支持用户去完成某个目标、任务并获取某些信息，且不会分散用户注意力。

②设计对比。该方法是吸引用户注意的一个重要手段，能够帮助用户理解页面导航元素之间的关系，传达信息设计中的群组概念。对比方法一般有空间对比法、大小对比法、字体对比法、颜色对比法、虚实对比法、动静对比法、稀疏对比法、方向对比法、图文对比法、立体与扁平对比法、局部与整体对比法等。通过对比可以有效引导用户视线。

（4）输出：表现层需要输出最终的高保真原型设计图。

了解用户体验设计的五大层面模型后可以发现，产品设计和用户体验是分不开的，产品不是为了设计而设计，而是为了使用而设计。好的用户体验不一定能成就一个好产品，但不好的用户体验绝对成就不了一个好产品，用户体验设计的五大层面模型能够帮助设计师更好地设计产品以提升用户体验。

1.3　精益设计与敏捷开发

敏捷开发来源于精益思想，所以敏捷开发中的很多具体实践也跟精益设计有关。不管是精益设计还是敏捷开发，持续改善互联网产品都是最重要的。在精益设计中，持续专注于长期的、小步的、各个层面的改善，最终带来突破性的改进。精益设计的首要原则是发现开发流程中的无效工作，并尽量减少或者避免它；而敏捷开发的首要原则是满足客户需求、迭代开发，以及对用户需求与变更做出快速反应。

1.3.1　互联网产品的研发流程

用户体验设计的五大层面模型清晰地说明了互联网产品从战略设计到视觉设计、从抽象到具象的整体流程。在交互设计的整个开发过程中，设计师需要有明确的意图、清晰的设计流程，以确保产品设计成功。整个互联网产品的研发经历产品立项、需求分析、需求评审、界面设计、代码开发、测试验收、发布运营等步骤，是一个自上而下的迭代过程。互联网产品的研发流程如图1-27所示。

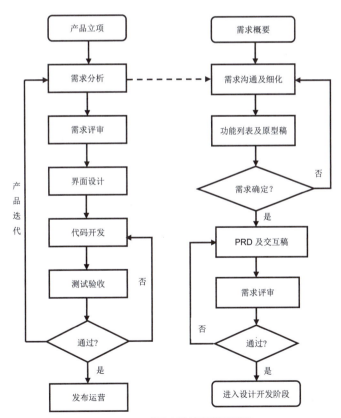

图1-27 互联网产品的研发流程图

1. 产品立项

该阶段主要通过有针对性的市场调研、用户访谈及竞品分析，尽可能地评估产品的市场前景、产品定位、目标用户群体、核心功能和成本投入。在决策层评估通过后，组建开发小组、明确项目负责人、协调各方面软硬件资源及规划初步的产品开发时间等。如果该项目为甲方定制的项目，则可省去市场调研及商业价值评估的相关工作。

产品立项的工作要点包括描绘产品远景、设定各个阶段的产品目标、测算产品市场前景和风险成本、明确产品核心功能、确定开发需求优先级。根据产品定位和投入资源情况，组建团队并初步制订产品开发各个阶段的时间节点要求等。

交付成果包括竞品分析报告、产品立项说明书、产品的商业需求文档（Business Requirements Document，BRD）。

2. 需求分析和需求评审

该阶段基于产品定位和运营策略，与产品各需求方进行深度需求沟通，将抽象的需求整理分析成可落地执行的方案，召开需求评审会、确定各功能点的开发优先级、规划产品各个版本迭代的功能计划表、设计产品原型、撰写产品需求说明书、与设计开发团队沟通确定各阶段的完成时间节点、明确产品实际上线时间、与市场运营团队沟通上线运营方案等。

该阶段的工作要点包括确定需求开发优先级、制订产品功能迭代计划表、设计产品原型稿和功能结构图。依据需求评审结果修改原型稿，对原型稿进行详细标注，同时撰写产品需求说明书等。

交付成果包括PRD、产品交互原型稿（低/高保真）、产品开发进度计划表。

3. 界面设计

该阶段基于产品交互原型稿及PRD设计产品界面效果图，确定详细的交互细节及效果，完善效果图，依据开发需求标注效果图细节、设计产品图标及应用市场宣传物料、配合市场运营部门设计产品运营活动界面等。

该阶段的工作要点包括设计产品界面、图标、皮肤及一些界面交互的表现方式，同时与前端开发人员沟通，明确切图命名及标注规范，输出最终设计稿。

交付成果包括PSD源文件、切图源文件、交互描述及标注细节规范说明文件。

4. 代码开发

该阶段依据需求文档和设计稿实现前端界面的交互效果、与服务端确定数据交换接口协议、设计数据表结构、实现用户端与服务端的数据通信。

该阶段的工作要点包括按照要求完成产品各项功能的开发。

交付成果包括开发设计概要、接口协议文档、自测通过的产品1.0版。

5. 测试验收

该阶段参考产品需求文档和开发设计概要撰写产品测试用例、召开用例讲解会、对产品进行全方位的测试，将测试不通过的内容反馈给开发人员，判定Bug严重程度并跟进修复进度，评估产品上线发布的可行性，协助产品和业务人员撰写产品验收报告。

该阶段的工作要点包括进行功能性测试、容错性测试、易用性测试、兼容性测试等。

交付成果包括测试用例、测试Bug反馈记录表、测试验收报告。

1.3.2 互联网产品的生命周期

1. 研究互联网产品的生命周期的重要性

2021年，众多互联网产品受到了通报批评、整改，甚至下架。一款互联网产品的生命周期必须是循环的，否则可能很快被淘汰或被别的相似产品替代。艾媒咨询曾指出，移动应用的生命周期平均只有10个月左右，85%的用户可能会在1个月内将其下载的应用程序从手机中删掉。曾经强势出场的脸萌、围住神经猫、疯狂猜图等手机App已不再更新，而QQ、微信、美图秀秀等App则长盛不衰。同时，该研究报告还显示，即时通信类与社交应用类的App成为最受欢迎的App，占比达到64.1%，手机微信、QQ、新浪微博在熟人社交方面位列三强。所以研究互联网产品的生命周期非常重要。互联网产品的生命周期如图1-28所示，主要体现在设计者、App商店和用户之间的循环，该循环让产品更有生命力并更能吸引用户。

图1-28 互联网产品的生命周期

2. 互联网产品生命周期的4个阶段

互联网产品的生命周期可概括地划分为4个阶段，分别是萌芽期、成长期、成熟期和衰退期。

（1）萌芽期。通过前期的市场分析、竞品分析、用户分析等发掘用户的痛点，萌生出一个可执行的、有价值的解决方案。例如，基于用户移动化、碎片化的使用场景，打造适合年轻人的15秒音乐短视频社区。15秒符合受众的观看习惯，因为短、便于记忆，用户对广告的宽容度也会更高。

（2）成长期。经过前期的构思、设计和产品测试，最终正式推出自己的产品，将它发布到App商店中供用户选择。根据用户使用后的反馈对产品相关功能进行增加和删除，并不断地进行运营推广，以快速提升产品的知名度，增加产品用户量。例如，抖音在快手、西瓜、美拍、小咖秀、火山等视频类App竞品中脱颖而出，它的推广方式主要是明星效应推动、跨界合作推广、线下活动策划等，这几种有效的运营方式使抖音的用户量实现了快速增长。

（3）成熟期。产品用户数量增长到一定阶段后就很难再有突破性的增长，产品趋于稳定。此时就要不断地完善用户体验、留存老用户、吸引新用户加入、进行商业化的探索等，从而实现营利。以抖音为例，抖音允许老用户分享有趣短视频到微信、微博等，从而吸引新用户；平台还会不定期发起一些有趣的话题，为用户创造新鲜感；邀请用户参与创作，提高用户活跃度和使用频次。抖音目前正处在拥有大量稳定用户、日趋成熟的时期。

（4）衰退期。互联网产品的市场已接近饱和，更好的竞品也已经出现，产品自身用户在不断流失，产品也迎来了它的衰退期。在衰退期，产品的生命可能会就此结束，但只要积极创新，运营得当，产品也能得到转机。

3. 如何做一个长效的互联网产品

要想做一个长效的互联网产品，抓住"用户"是非常重要的。首先，如何满足目标用户和潜在用户的需求，就是一个值得研究的问题；其次，在同类App中要出类拔萃，让目标用户感觉产品就是为他们量身定做的，从而使他们成为该产品的忠诚粉丝。综上，为了保持产品长效的生命周期，可以从以下几方面来考虑。

（1）具备互联网大数据挖掘思维：理解用户数据的价值，充分进行数据挖掘和预测市场趋势，真正了解用户的需求，更好地为用户服务。

（2）具备互联网跨界思维：懂得从始至终关注用户需求和用户体验，敢于创新，主动跨界。

（3）具备互联网拓展思维：不少行业类App已开始尝试在主流功能之外拓展附加功能，另辟蹊径开发附属产品，或走技术路线，迎合用户对新技术、新玩法的需求。

1.4 习题

思考题

1. 什么是互联网产品的T字模型？
2. 如何对互联网产品进行分类？
3. 简述互联网产品的九大思维体系。
4. 什么是"以用户为中心"的理论？
5. UI设计师为什么要了解开发技术？
6. 如何平衡用户、商业和技术三者之间的关系？
7. 简要阐述用户体验设计的五大层面模型。
8. 如何理解互联网产品的生命周期？举例说明。
9. 简述互联网产品生命周期的4个阶段。
10. 如何做一个长效的互联网产品？

实践题

1. 选择一款你感兴趣的App产品，以举例的方式分析该产品是如何体现"以用户为中心"的理论的。
2. 以小组为单位，自定产品选题，制订设计产品时，用户体验设计的五大层面模型的应用实现方式，以思维导图的方式呈现，并进行组间分享与讨论。

第**2**章

用户研究

基于产品设计和开发的用户研究是互联网产品设计的一部分，更有效、更专业的用户研究可以为市场拓展、广告推广、营销策略，甚至公司的品牌战略提供专业协助。通过多方位、多角度的调研，产品经理能更系统地了解用户的行为和动机，提出更全面、更有建设性的意见。同时，用户研究是产品产出的必备前提。如果产品开发前期没有详细严谨的用户研究，就很难设计出成功的产品。产品经理对用户需求的把握程度与行业深度、其职业阅历有很大的关系。只有当产品经理把自己当成用户去设计一款产品时，才能迎合用户的需求，设计出市场需要的产品，才有可能成功。

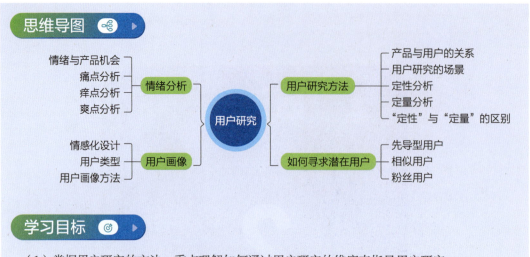

思维导图

情绪与产品机会
痛点分析
痒点分析 ——— 情绪分析
爽点分析

情感化设计
用户类型 ——— 用户画像
用户画像方法

用户研究

产品与用户的关系
用户研究的场景
用户研究方法 ——— 定性分析
定量分析
"定性"与"定量"的区别

先导型用户
如何寻求潜在用户 ——— 相似用户
粉丝用户

学习目标

（1）掌握用户研究的方法，重点理解如何通过用户研究的维度来指导用户研究。

（2）掌握寻求潜在用户的方法，学会如何描述先导型用户、相似用户和粉丝用户。

（3）重点掌握为什么要进行情绪分析，以及进行情绪分析的方法和技巧。

（4）掌握情感化设计三层次和情感化设计A.C.T模型。

（5）理解用户分类方法和每一类用户的特点。

（6）掌握用户画像方法，并能根据产品服务的用户特点进行用户画像。

（7）真正理解用户研究的价值和意义。

2.1 用户研究方法

如何进行用户研究、寻找哪些用户进行研究、目标用户有哪些特征与需求、定量分析与定性分析工具如何使用，这些都是进行用户研究时需要关注的核心问题。用户研究是交互设计的起点和产品迭代循环的终点，如图2-1所示。

交互设计的起点

对象：新产品

明确用户需求，帮助设计师选定产品的设计方向

产品迭代循环的终点

对象：已发布的产品

发现产品问题，帮助设计师优化产品体验

图2-1 用户研究的实质

2.1.1 产品与用户的关系

随着社会进步和各种技术的发展，尤其是互联网技术的发展，人们对设计的理解和认识已经发生了很大的变化，越来越多的设计师更加注重产品使用的主体——用户在产品设计中的作用，更加注重用户的使用需求和使用体验。作为产品的设计者和开发者，设计师也把"给用户最想要的"作为设计的目标。图2-2所示内容从了解用户、理解用户和满足用户3个方面体现了产品与用户的关系。

图2-2 产品与用户的关系

　　中国用户体验大会已成功举办多届，大会集中展示用户体验注入传统行业后给传统行业带来的重塑力量，并配套多场权威高峰论坛，深刻阐述了"互联网+"时代中，各行各业方向的调整、企业创新体系的构建、用户口碑的树立等热点话题。"用户体验"成为一个热度很高的词汇，其广度和深度也在不断拓展。苹果公司凭借"给用户最想要的"理念，影响了全世界很多行业，海底捞对用户体验的重视也使传统餐饮业眼前一亮。由此可见，抓住用户，就抓住了机会，就为迈向成功打下了坚实的基础。

2.1.2　用户研究的场景

　　具体怎么进行用户研究，从以下几个场景来分析。

1. 从"0"设计一款产品，了解目标用户

　　从"0"设计一款产品时，需要针对目标市场进行调研，了解客户群的属性、偏好、行为习惯等信息，同时了解目标用户的需求和期望，了解他们使用该产品的动机，以及他们使用该产品可能遇到的困难等。针对目标用户的需求，根据市场实际情况，设计有利于实现用户需求的有效解决方案。

2. 产品迭代，发现新的需求点

　　在这种场景下，老用户居多，老用户对产品存在主观印象，使用问卷调研无法获得可靠的信息。此时应当观察用户做了什么，分析用户的行为，通过数据分析用户的真实态度。最后通过真实的一对一或一对多用户场景来进行用户访谈，发现新的需求点，从而验证数据分析的结论是否可靠，以此进行产品迭代。

3. 深入挖掘用户遇到的问题

　　在这种场景下，适合使用用户调研和现场测试的定性研究分析方法。与用户进行沟通交流，通过用户的直接描述，更直观地理解和分析用户在实际场景中遇到的问题，从而准确引导产品设计，提升产品质量。

　　综上，用户研究是产品产出和迭代的必备前提，是产品设计的第一步。对于一个需求，产品经理不仅需要从定性的角度确定问题，从定量的角度去验证问题，还需要从行为和观点两个方面聚焦用户的问题，这样分析得到的结果才是最真实可靠的。

2.1.3　定性分析

　　定性分析是定性研究法（了解），是从小规模的样本中发现新事物的方法，主要目的是确定分析选项和挖掘深度。例如，要了解用户使用某产品的场景，就要思考用户在哪些场景使用该产品、用户为什么在这些场景下使用该产品、在不同场景中用户的需求是什么等。定性研究主要通过访谈、可用性测试等形式进行，深度思考用户表述背后的原因，挖掘深层次的需求。如果多人一起进行访谈等工作，则每次访谈结束后，一定要集中交流一遍访谈内容和结果，确保没有误解和内容遗漏。

2.1.4　定量分析

定量分析是定量研究法（验证），是用大量的样本来测试和证明某些事情的方法，如调查问卷和网站流量统计等。通过统计学发现全部用户的真实情况，验证通过定性分析发现的结论。

2.1.5　"定性"与"定量"的区别

进行调查问卷等定量研究、分析收集来的海量数据是无法准确进行各类研究的，只有定性研究法才能发掘深层的信息。

简单来说，"定性"与"定量"的区别就是小样本和大样本的区别，但这种区别带来的结果却是大不相同的，与定量研究法相比，定性研究法更有用。

引用《About Face 3：交互设计精髓》中的一个例子来讲解定性研究法的优越性。客户要求我们对一款入门级视频编辑软件进行用户研究，该软件面向 Windows 用户。身为视频创建与编辑软件的成熟开发商，我们使用传统的市场研究技术发现：为同时拥有数码摄像机和计算机，但尚未把两者连接起来的人群开发一款产品具有巨大的商机。针对该问题采用定性研究法，结果如下。

受访人数：12人。

受访方式：现场访谈。

访谈结果：第1个发现是为人父母的用户拍摄的视频最多，并且最期望将编辑好的视频与他人分享，这个发现也在情理之中；第2个发现令人吃惊，在受访的12名用户中，只有一人成功地将数码摄像机与计算机连接起来，而且是受到了一位 IT 从业人士的帮助才实现的。

结果分析：视频编辑软件要想获得大的成功，前提之一是人们必须能够正确地把摄像素材传输到计算机上并进行编辑；但在当时，让视频采集卡在计算机上正常运作是极其困难的，而且这方面的专业人士很少，所以软件在当时不可能得到广泛使用，但这并不代表这款产品以后没有市场，什么时候适合开发这款产品取决于计算机硬件技术的发展；经过4天的用户研究，研究组做出了重大决策，即延迟开发这一产品，这一决策很可能节省大量投资。

这个例子让我们深刻认识到了定性分析的优越性，表明分析结果对产品的开发起到关键性的作用。

2.2　如何寻求潜在用户

潜在用户是指那些还没有为产品付费，但有购买某种产品或服务的需要、有购买能力、有购买决策权、对产品提供的功能有所需求的用户。目前，很多产品通过提供优质内容、产品测试和独立于产品的价值方式来培育目标受众群体，从而将他们转化为自己产品的潜在用户。

2.2.1　先导型用户

用户思维是互联网思维的核心，其他思维都是围绕用户思维在不同层面的展开。用户思维是指在设计的各个环节中都要"以用户为中心"去考虑问题。互联网产品的服务主体是先导型用户，要想在交互设计和用户体验方面有所创新，就需将先导型用户作为创新突破口。初级用户往往不太清楚自己的需求，对他们进行大量的调研和访谈很难得到有创新价值的结论，所以不应将他们作为创新研究突破口。但是有这样一类用户，他们是某类产品的发烧友，喜欢体验新鲜事物，这类用户就叫作先导型用户（Lead User）。先导型用户能够提出明确的需求，有些需求代表着未来的普适需求，值得参考。通过对这些需求的研究，可以挖掘出潜在的有用信息供设计师参考。先导型用户的特点如图2-3所示。

"设计邦"对先导型用户的研究方法值得我们借鉴。他们认为针对先导型用户的研究方法和常

图2-3　先导型用户的特点

用的用户研究方法相同，包括观察法、访谈法、原型草图法和头脑风暴法。如果让先导型用户画出他们心目中的产品形态原型草图，则这些草图有的能和我们的创意想法一拍即合，同样他们可能也会提出我们没有想到的但值得借鉴和推敲的创新点。

在进行用户需求分析时，往往强调不要被高端用户误导，因为高端用户的需求可能会偏离普通用户的需求。高端用户往往就是先导型用户，他们的需求有时候是前瞻性的，用他们的需求去普通用户那里验证，可能会有不一样的突破点。

2.2.2　相似用户

在进行用户研究或用户反馈分析时，设计师往往停留在对自身产品真实用户的反馈分析上，如果把一些精力花在对相似用户的反馈分析上，则对于创新研究可能更有价值。相似用户指的是类似产品的相关用户。了解相似用户的反馈与对竞争产品的需求，并提炼分析这些需求，在己品中实现需求，可以让相似用户有一种需求上的满足感，而相似用户可能会因为这些创新成为己品的真实用户。所以说创新的力量是巨大的，而产品竞争促进了产品创新。

2.2.3　粉丝用户

对用户分级是对用户进一步识别和定义，那么如何根据需求"找到用户"，并对这些用户进行更清楚的描述呢？大众对产品的需求是如何才能更省钱、如何更快速地获取有用信息、如何让体验更愉快等，这些是用户的典型需求。

"粉丝"的概念我们都不陌生，"粉丝用户"概括为对产品最有需求和使用频率最高的用户。找到"粉丝用户"就可以验证用户需求是否能真正被满足，这对新产品上线后的使用、传播和反馈有很重要的影响。

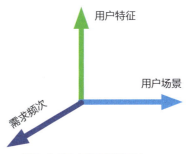

图2-4　从3个维度描述用户

寻找"粉丝用户"的过程实际上是对用户进行描述的过程。可以从3个维度去描述用户，如图2-4 所示。

①用户特征：包括年龄、性别、爱好、习惯、消费能力和对移动产品的痴爱程度等基本属性。

②用户场景：用户产生需求的时间、地点和使用场景。

③需求频次：用户的使用频率。

通过这3个维度对用户进行描述，可以将用户分为普通用户、目标用户和粉丝用户。粉丝用户的需求就是最后确定的产品的核心需求。粉丝用户和目标用户是不同的，粉丝用户除了和目标用户有共同的产品使用频繁的特点外，还对产品有一定的传播力。

2.3　情绪分析

设计产品的3个切入点分别是产品痛点、产品痒点和产品爽点，这些都来自人的情绪，情绪决定着产品机会。无论是考虑痛点、痒点还是爽点，最主要的都是从产品本身出发，即产品要为谁解决什么问题，找准切入点，并对切入点深入挖掘，探究用户内心深处的期望，将产品做到极致。

2.3.1 情绪与产品机会

1. 什么是情绪

如果把人想象成一部手机，则情绪是底层的操作系统，有的人是iOS，有的人是Android系统，每个人的版本号不同。后天学习的知识技能是安装在底层操作系统上的，是理性的。能驱动一个人情感的则是先天的情绪，是感性的，如图2-5所示。

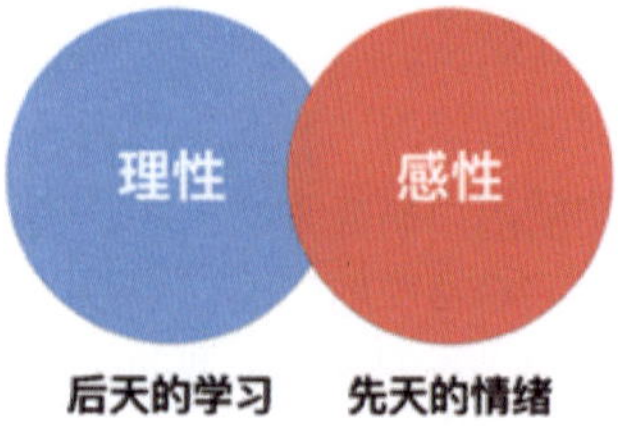

人都会有情绪冲动的时候。当一个人被愤怒、恐惧控制时，就好像手机系统崩溃了，产品的机会可能也就没有了，情绪是一瞬间的体验。

图2-5 理性与感性的关系图

2. 生物性情绪

生物性情绪就是所有动物一出生就有的情绪。无论是小猫小狗，还是野生动物，再或者是人类，都会有生物性情绪。最基础的生物性情绪有"满足""愉悦""爽""不爽""愤怒""恐惧"。

（1）"满足"与"愉悦"的关系

愉悦就是被满足。生物的本能是生存，所以它的操作系统驱动它产生的一切行为都是为了能让自己生存下来。动物的生存条件被满足后，比如，一只虫子、一只鸟、一只猫，如果温度、湿度适宜，有充足的食物，它们就会愉悦。而人类不单是生物性的存在，更是社会性的存在，不仅需要生存条件被满足，还需要在社会关系中被确认。比如读喜欢的书，在精神上被满足，则会愉悦；感受到别人的善意，自己被理解、接纳和尊重，也会愉悦。

（2）"满足"与"爽"的关系

一种期待很久的需求突然间被满足了，这种感觉叫作"爽"。比如，玩"俄罗斯方块"时，下来一个我们需要的形状，消掉了一行，这种感觉叫满足；我们摞了很高一列，就等一个四格的长条，越等越危险，越等越焦灼，突然期待的长条下来了，直接消除了四行，这种感觉叫"爽"，是超出预期的满足。

（3）"不爽"

满足就"愉悦"，不满足就"不爽"。比如一只虫子，本来温度适宜，突然温度大幅提升，它就会瞬间"不爽"。动物是这样，人也如此。如果没有满足我们的预期，或者我们本来在一个满足状态，突然被剥夺了，这也会让人"不爽"。通常用生气、烦躁、痛苦、厌倦、悲伤、烦恼、茫然等来形容"不爽"的感觉。

（4）"愤怒"与"恐惧"的关系

"愤怒"和"恐惧"是同生的一对感觉。比如，当一个人被攻击时，他可能会感到愤怒，但当这种攻击威胁到生命时，他可能会感到愤怒与恐惧。

3. 情绪与产品机会

要么做一个让人愉悦到"爽"的产品，要么做一个可以帮助人抵御"恐惧"的产品。但如果一个产品在某种程度上帮助人不再难受，而在"爽"和"恐惧"方面无所作为，它就是一个不痛不痒的产品。人的痛点可能是他的"恐惧"，人们可能会为了消除恐惧毫不犹豫地花钱，这就为产品提供了机会。痛点、爽点、痒点都是产品机会，可以衡量一个产品做得是否到位，如图2-6所示。

图2-6 产品机会：痛点、痒点、爽点

2.3.2　痛点分析

"痛点"是产品设计师必须深究的一个词。"痛点"一词的字面意思为感觉比较痛的某个地方，那么对用户来说什么是痛点呢？例如，缴纳水电费、网费、汇款或存款时"害怕"排队几个小时，这不仅浪费时间，还会让人产生不必要的焦虑，而"支付宝"等App解决了这个问题；碰到头疼脑热的小病，"怕"在医院花时间排队和挂号，在家又不敢乱用药，而"家庭用药"等App解决了这个问题；一个人出差到一个人生地不熟的地方，不知道吃什么好，想吃点特色菜又"怕"找不到正宗的门店，而"大众点评"等App解决了这个问题；上班或下班回家，看到拥挤的公交车很无奈，于是选择打车，但是高峰期又"怕"打不上车，而"滴滴出行"等App解决了这个问题。恐惧有大有小，无论多小的恐惧点都是痛点，产品解决一个很小的痛点都会让用户感到幸福。

综上，可以得出"痛点"的概念，"痛点"就是恐惧点，即原始需求中被大多数人反复表述过的有待解决的问题，以及有待实现的愿望。

那么分析痛点对互联网产品设计到底有哪些作用呢？具体如图2-7所示。

图2-7　分析痛点的作用

1. 挖掘有价值的功能需求点

并不是所有的"痛点"都会是未来产品的刚性需求，例如，对于图2-8中的插座，用户的困惑是为什么电源插座的三孔和二孔要离得那么近？会有一些用户抱怨，但他们默默忍受，然后习惯。这个"痛点"没有严重到影响用户使用。

再如Skype，通话的双方都可以通过网络联系，也可以一方通过网络拨号拨打手机号码，大幅节约了用户的电话费。这样就解决了用户在通信方面的"痛点"，且这一"痛点"是用户的刚性需求，是Skype吸引用户的核心功能点。

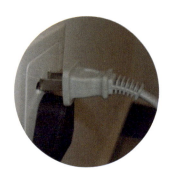

图2-8　使用插座时的"痛点"

2. 大大提升用户体验

"痛点"往往代表的是一些用户真实遇到的问题，其背后通常隐藏着有价值的功能需求点，通过提供功能或相应的数据，在帮助用户解决问题的同时，可以让产品的用户体验大大提升。例如，上面举的电源插座的例子，虽然这个"痛点"没有严重地突显出来，但是如果将用户需求中的这一"痛点"解决了，则将会大大提升用户体验。

3. 提升产品的品牌价值

抓住了用户的"痛点"，就抓住了用户，拥有了产品的潜在用户群，也就提高了产品的品牌价值。例如，前几年比较流行的"王老吉"，我们吃火锅容易上火，尤其是吃麻辣火锅，天气干燥也会上火，上火是我们心中的痛，那么如何解决用户的这个"痛点"呢？这时王老吉出现了，解决了我们的痛点，即"怕上火，喝王老吉"。它之所以能如此成功，是因为它解决了潜在用户群体的"痛点"，从而在竞争白热化的饮料产品市场中脱颖而出，成为用户心中解决上火问题时的首要选择，让品牌深入人心。

挖掘"痛点"时需要注意哪些问题呢？

要抓住问题的点而不是面。在进行用户调研时，当用户对你抱怨或倾诉的时候，他们往往比较激动，可能会啰啰嗦嗦地抱怨很多。我们只要抓住他们所说的重点就可以了，其他的都可以暂时忽略，抓住了问题的点就抓住了"痛点"。

"痛点"的代表性如何呢？

在进行用户调研时，有些人可能会夸大"痛点"，所以他的痛未必具有代表性，或许只是他个人刚好在某件事上遇到问题，个人或者外部力量介入往往就能解决。举一个浅显的例子：虽然原始人衣不遮体，但就算那时候出现了羽绒服，也解决不了他们的"痛点"，因为他们的"痛点"是如何安全高效地获取食物。

综上，我们在进行用户研究时，要特别关注对用户"痛点"的挖掘。只有解决了这些"痛点"，产品才有可能成功，而且我们可以自信地告诉用户："如果你有这个问题，就选择我们的产品，我们能帮你解决这个问题。"

2.3.3 痒点分析

近年来各种网红产品层出不穷，比如网红奶茶、网红酸奶、网红曲奇、网红洗发水，它们的"爆火"是靠抓住"痛点"吗？显然不是，网红产品靠的是"痒点"。

什么是"痒点"？痒点满足的是人的虚拟自我。什么是虚拟自我？就是想象中那个理想的自己。比如网红李子柒作品中的酿花酒、磨豆腐、做果酱、用葡萄皮染衣服和远离喧嚣都市的美好安静的乡村生活，如图2-9所示，会让人情不自禁投入其中。其实网红营造的是大家理想的生活，用户通过观看他们的视频获得虚拟自我的实现。用户购买网红产品就部分实现了虚拟自我。

图2-9 痒点本质是虚拟自我和憧憬

2.3.4 爽点分析

爽点是高效的即时满足。在特定的场景下，若需求未得到满足，则会带来情绪上的变化，满足了就很爽，然后强化认知，追求更爽。当年俞军在百度招聘产品经理时，招聘题目是"百度如果要做音乐，该怎么做？"，很多人都写了规划书给他，但有一个人只写了6个字："搜得到，能下载。"俞军就挑了这个人，他就是后来的百度副总裁李明远。当年互联网资源非常少，人们上百度一搜就能搜到想要的音乐，还能下载，这就是爽。一般产品设计爽点是在追求产品的极致，也就是互联网思维中的极致思维，打造让用户"尖叫"的产品。比如小米的新品每次都让粉丝用户"尖叫"，具有高端的配置和强大的功能，价格却很亲民，让用户使用产品时不断觉得爽。

2.4 用户画像

企业在收集和分析用户社会属性、生活习惯、消费行为等主要信息之后，就可以将用户抽象出来，形成用户画像。用户画像为运营者提供了充足的信息基础，在精准营销、用户分析、数据应用、数据分析等方面对企业有很大益处。

2.4.1 情感化设计

1. 普鲁钦科色彩轮盘

美国南佛罗里达大学教授、心理学家罗伯特·普鲁钦科研究了关于情绪的心理进化理论，将情绪分类为主要情绪和对它们的反应。心理学用二分法将情绪分为正向情绪和负向情绪，其中最著名的就是普鲁钦科颜色轮盘（见图2-10），它可以用来表达色彩与情绪的关系，同时也描述了情感之间的内在联系。在这个轮盘中，情感被分为信任、恐惧、惊奇、悲伤、厌恶、愤怒、期望和快乐8种基本情感，其他情感都是在这8种基本情感上混合派生出来的。就像自然界中的许多事物一样，情感也有两面性，每一种情感都有其对立面，例如，色彩轮盘上的悲伤与快乐、信任与厌恶、恐惧与愤怒、惊奇与期望等。随着颜色的逐渐加深，情绪就越强烈。可以通过激发用户强烈的情感，提升用户对产品的忠诚度。

2. 情感化设计的意义

科学家曾经对一个问题感到困惑：人们为什么更喜欢美观的物品而不是丑陋的物品，而且为什么美观的物品更好用呢？后来科学家做了很多实验，论证了物品的实用性和美观性是相关的。所以互联网产品的设计更趋于实用美观，同时要想设计出有创意的产品，就要进行情感化的产品设计。但是不同的情感会影响人的创造性思维，从而影响解决问题的思路和结果，人的情感和创造性思维之间的关系如图2-11所示。

图2-10 普鲁钦科颜色轮盘

情绪可以影响人们的决策，正面情绪和负面情绪同样重要。情感化设计有利于帮助我们拓宽思路，激发创造性思维，从而使我们变得更具创造力、想象力，设计出符合用户需求的创意性产品。

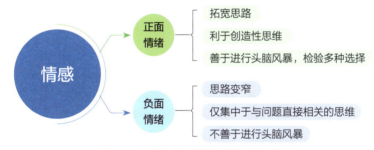

图2-11 人的情感和创造性思维之间的关系

3. 情感化设计三层次

马斯洛需求层次理论是人本主义科学理论之一，由美国心理学家亚伯拉罕·马斯洛提出。马斯洛在他1943年的一篇论文《人类激励理论》中第一次介绍了需求层次理论，随后在著作《动机与人格》中进行了详细的阐述。他的需求层次理论表明，人们的行为都是首先满足了一些基本需求之后，才开始转移到更高级的需求上。马斯洛需求可以简化为生理需求、安全需求和情感需求，将3种需求映射到产品设计中，分别对应的是产品可用性、稳定性和情绪性设计的需要，再将其与情感化设计对应，建立情感化设计的需求模型，即本能层次的设计、行为层次的设计、反思层次的设计。

情感化设计就是通过设计的手法赋予产品、品牌情感，再通过情感去建立与用户长期稳定的愉悦关系。国际知名的心理学家与当代认知心理学应用先驱、美国国家艺术与科学院院士唐纳德·阿瑟·诺曼在《设计心理学》一书中，将情感化设计分为3个层次，即本能层、行为层和反思层。他在书中从交互设计方向、用户体验目标和用户行为模式3个方面给出了图2-12所示的对应关系供我们参考。

（1）本能层

人是视觉生物，对外形的观察和理解是出自本能的，越是符合人类本能的设计，就越可能让人接受和喜欢。本能层关注的是界面的外观设计，是感官的、感觉的、直观的和感性的设计。设计师可以尝试使用丰富的色彩，带给用户不同的情绪反应和视觉享受，从颜色、图标和插图等方面突出产品差异化，如图2-13所示。

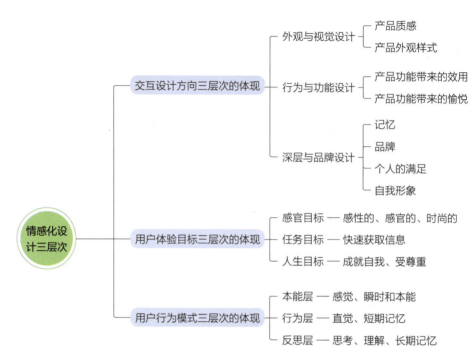

图2-12 情感化设计三层次

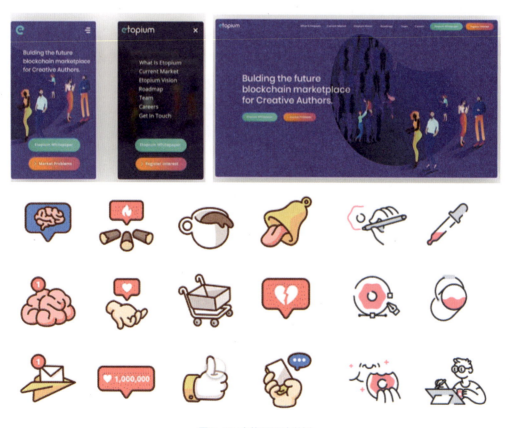

图2-13 本能层设计举例

（2）行为层

　　行为层的设计是易懂的、可用的和逻辑的设计，它是决定用户留存、提升用户体验的关键之一。行为层更加注重产品的交互设计，也是情感化设计的重点，除交互更友好外，界面还可以结合引导页、空白页、弹窗等配合情感化设计。

　　①引导页。产品升级迭代后都会存在用户不了解的信息和功能，设计师可以在引导页中加入场景插画帮助用户了解新的功能，这样更友好、直观，如图2-14所示。

图2-14　引导页设计举例

　　②空白页。可以为产品网络异常等状态设计空白页，转化用户情绪（例如，为了淡化加载失败时的沮丧，可以将烦躁情绪转化为喜欢、开心的正面情绪），为用户营造出符合他当时行为和感知的情景，转移用户的注意力或化解用户的负面情绪。一些另类好玩的插画会让整个设计变得更加有趣生动，如图2-15所示。

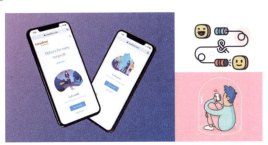

图2-15　空白页设计举例

　　③弹窗。弹窗是一种提示的样式，图形比文字更容易使用户接受，同时图形也比大段冗长的文字更高效，所以在产品中运用通俗易懂的图文来引导用户也是情感化设计的细节之一，如图2-16所示。

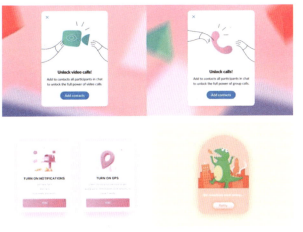

图2-16　弹窗设计举例

（3）反思层

反思层是在前两个层次的基础上，用户内心产生的更深层次的情感体验。反思层与用户长期感受有关，通过引发用户对产品的回忆，可以将用户对回忆的正面情感转化成对产品的情感，从而提升用户对产品的认同感。反思层的设计是感情的、意识的、情绪的和认知的设计，关注的是产品的信息、文化或者产品的意义。当用户在使用产品后，产品与用户之间建立情感链接，用户通过与产品互动满足自身的安全需求，从而提升用户的满意度，加强用户对品牌IP的记忆等。

4. 情感化设计A.C.T模型

《情感与设计》一书中提出了情感化设计A.C.T模型，即吸引（Attract）、会话（Converse）、交易（Transact）。该模型描述了如何借助"三位一体大脑"的假说和情感化设计三层次设计出有用的、可用的和令人满意的产品，并进一步说明了如何通过产品的情感化设计来达到说服别人的目的，如表2-1所示。

表2-1　情感化设计A.C.T模型

A.C.T 模型	吸引（A） 审美导向 看起来、听起来、感觉起来如何	会话（C） 互动导向 与用户互动如何	交易（T） 功能导向 用户的行为认知
设计目标 （Sanders 1992）	满意度 审美吸引力	易用性 理解、学习和使用	可用性 能够达到设计预期
三位一体大脑 （McLean）	爬行动物脑 无意识	古哺乳动物脑 有意识和无意识并存	新哺乳动物脑 有意识
处理的层次 （Norman 2004）	本能层次 审美和触觉特性	行为层次 有效性和易用性	反思层次 自我形象、记忆等
产品要素	审美 产品外观怎样	互动 用户与产品的互动	功能 产品能做什么
利益类型 （Jordan 2000）	享乐利益 感官和审美愉悦感	实用利益 完成任务的结果	情感利益 对用户情感的影响
反应类型 （Desmet 2002）	反应 自动	感受 通过互动产生	关系 随着时间推移建立
评价类型 （Desmet 2002）	物体 能否吸引注意力	媒介 是否符合标准	事件 是否有助于实现目标

（1）吸引（Attract）

在爬行动物脑的层次上，关注的是用户对产品的第一印象，最终归结为产品是否吸引用户，是否让用户满意。如果我们的产品是能看到、听到、品尝到或触摸到的东西，那么它必须能够吸引用户。在情感化设计A.C.T模型中，用"吸引"更易理解、更有意义，能够总结和简化所有关于设计目标、三位一体大脑、处理的层次、产品要素等相应层次的观点。

（2）会话（Converse）

在古哺乳动物脑的层次上，重点关注产品的有效性和易用性，用户与产品的互动是否可靠和可信，是否符合社会标准和用户的使用习惯，以及产品预期能带来的社会价值。在情感化设计A.C.T模型中，用"会话"更易理解、更有意义，能够总结和简化所有相应层次的观点。

（3）交易（Transact）

在新哺乳动物脑的层次上，要重点关注产品设计的目标和可执行的计划。如果产品成功地吸引了用户，并与用户进行了会话，则可以建立用户对产品的信任，用户就会做出情感化的反应，愿意与产品进行交易，从而形成品牌的长久效应和口碑传播力，实现产品的商业目标。

（4）如何通过感情化设计A.C.T模型说服用户

不管是每一个产品还是每一项设计，最终目的都是要争取说服用户，让用户心服，转移其注意力和改变其行为。《情感与设计》一书中提出，设计者创造出的产品需要能够说服用户遵循某些道理，采取特定行为，而情感可以作为一种有效的工具。为了实现这些目标，可以通过两种方式来进行：一种方式是有意识的、深思熟虑的评价；另一种则是无意识的、自动的评价，用户通过联系过去的经验感受，产生一种情感反应。无意识触发的情感往往会使用户的态度和行为发生变化。在使用产品时，触发的情感会影响用户对产品的信任度并改变他们的行为。

（5）A.C.T模型准则

A.C.T模型准则讨论了怎样通过设计元素的变化影响用户的情感，同时表达了满意度、易用性和可用性在A.C.T模型的每一个阶段是如何实现的。A.C.T模型准则如图2-17所示。

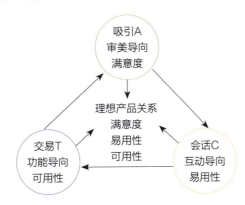

图2-17　A.C.T模型准则

2.4.2　用户类型

对用户进行大的分类，了解每一类用户的特点和需求后，才能更好地为用户服务，设计出用户想要的产品。进行互联网产品的用户分类时，主要指标一般包括但不限于以下几种：日均上网时间、使用过的服务或产品数、对经常使用的服务或产品的了解程度、是否对某些服务或产品提出过意见或建议、对新上线的服务或产品的敏感度、常用社交网络服务个数及活跃度、好友数和被关注数等。

2.4.2.1　普通用户

普通用户占大多数，该类用户使用产品的频率良好，但提出的问题更有利于设计人员进行产品迭代。只有充分了解产品面对的客户群体，才能设计出成功的符合用户使用习惯的产品。

2.4.2.2　深度用户

深度用户是最活跃的用户，使用产品的频率最高，时时关注产品中自己感兴趣的功能，热衷于使用基本功能，对产品的认知特别敏感，愿意花费很多时间在产品上，但不一定愿意投入更多的消费去体验高级功能。

2.4.2.3　忠实用户

忠实用户一般就是核心用户，在网时长一般大于等于60个月（5年），这类用户对产品非常喜爱且对新产品的追求热情高，有稳定的消费频率。忠实用户最核心的价值是能够在品牌的价值传递、产品创新、营销推广等经营环节为企业带来实质性贡献。

2.4.2.4　专家用户

专家用户对产品依赖程度高，能提出很多建议，是产品的有力支持者，愿意探索自己感兴趣的产品或服务，舍得花时间研究新产品，探索产品的新功能。不过，这类用户占少数，且并不是典型用户，他们的判断主观因素居多，与主流用户的区别是，他们往往追求主流用户不关注或不感兴趣的功能，一旦设计人员全盘听取了他们的意见，设计出来的产品就会让主流用户感到不好用。

2.4.3 用户画像方法

2.4.3.1 什么是用户画像

用户画像的英文为"User Persona"，由库珀最早在*The Inmates Are Running the Asylum*中提出，他认为"用户画像是真实用户的虚拟代表，是建立在一系列真实数据之上的目标用户模型"。可以根据用户的行为、动机等将用户分为不同的类型，从中抽取每类用户的共同特征，并设定名字、照片、场景等要素对其进行描述。用户画像具有7个要素：基本性（Primary）、同理性（Empathy）、真实性（Realistic）、独特性（Singular）、目标性（Objectives）、数量性（Number）和应用性（Applicable）。这7个要素的首字母可组成Persona一词，翻译为"画像"。

用户画像就是对用户按照一定的规则进行统计和划分，从海量数据中提炼共同特征，用共同特征构造出一个个虚拟的角色，从而指导用户推荐和用户分层运营。用户画像与单个用户相比，强调的是一群人，是对群体的宏观把握。

2.4.3.2 用户画像的作用

从事互联网工作的人对"用户画像"这个词都会非常熟悉。用好用户画像，能够快速找到目标用户，有利于产品设计。下面从4个方面对用户画像的作用进行分析，如图2-18所示。

图2-18 用户画像的作用

1. 产品定位

要进行产品的用户研究，可以通过精准的市场数据来预测和推断产品定位，但仍然有可能不明确不同类型用户的需求差异。此时可以通过用户画像真正了解用户是什么样的人，在什么场景下会触发什么需求，这样才能确定产品的功能定位、市场定位等。

2. 专注用户

用户画像相当于把一个模糊的人具象化，可以使产品的服务对象更加明确，也可以在一定程度上避免产品设计人员草率地代表用户，从而更明确地洞察用户需求，最大限度地满足特定用户，提升用户体验、优化产品并体现产品价值。

3. 团队交流

用户画像可以提高决策效率，使项目组成员更容易达成一致。在产品设计流程中，产品方案之间的分歧难以避免，此时可以把用户画像作为一个沟通渠道，让项目组成员知道产品服务的对象是什么样子，这样更方便项目组成员讨论，最终选择出更符合用户需求的产品方案。

4. 精准营销

根据用户画像可以更准确地找到目标用户，帮助设计师培养用户思维，站在用户的角度去设计产品，使产品更精细；还可以将用户群体分得更细，辅以短信、推送、邮件、活动等进行营销，并对新加入的用户进行分析，评估用户群体定位是否和预期相符，从而实现精准营销。

2.4.3.3 用户维度分析

用户维度包括自然属性、兴趣属性、地理位置、隐含属性、IP地址和设备类型（见图2-19），具有多维度、随时间更新的特点。细化用户维度可以聚合一类用户的共有特征，清晰设定标签界限，准确定位用户群体，有助于更好地进行用户画像，确定被虚拟的角色。

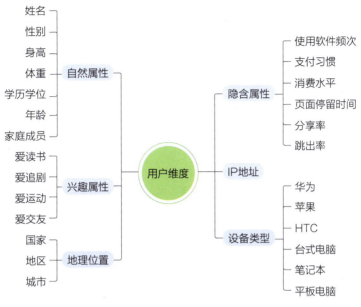

图2-19 用户维度

2.4.3.4 用户画像评估

一般情况下，可以从用户覆盖率、准确率、可拓展性和及时性4个方面对用户画像进行客观评估。

①用户覆盖率。用户覆盖率是用户画像应用评价的一个重要指标，覆盖率越高，后续精准营销的策略选择越准确。

②准确率。一般使用相似度模型辅助用户分群，如果模型导致用户分群错误或者对用户的购买意向预测错误，则直接影响购买率。

③可拓展性。用户画像在维度上应该是可扩展的和不断更新的，这样有助于更准确地模拟真实用户分群。

④及时性。在实时推荐系统中，需要根据真实数据及时提供用户实时画像，精准定位用户群体。

2.4.3.5 用户画像的两种属性

用户研究的核心在于明确"谁，在什么场景中，为了什么而做了什么"。如果将用户画像形容成一段音乐，静态属性就是这段音乐的演奏者，而动态属性就是它的主旋律，我们不能只研究用户行为，而忽略静态属性。静态属性的所有信息是在尽可能地明确这个"谁"，动态属性信息则是说明这个"谁"在什么场景中，为了什么而做了什么。

用户画像是根据用户的静态属性和动态属性来构建的一个可标签化的用户模型。动态属性包括生活习惯、消费行为和使用行为，静态属性包括用户来源、属性特点和兴趣特长，如图2-20所示。

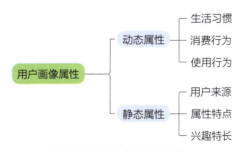

图2-20 用户画像的两种属性

1. 静态属性

静态属性根据用户的基本信息进行用户划分，如用户性别、年龄、学历、角色、收入、地域、婚姻等，是用户画像建立的基础。不同的产品，其基本信息的权重划分也不同，如果是社交产品，则静态属性的性别、收入等的权重较高。

了解静态属性的目的是找出产品或服务与用户角色的焦点。例如，一款装修类App需要的用户静态属性信息包括姓名、年龄、个人收入、消费习惯、房屋信息、计划使用人数等，这些信息可以归纳为两类，一类是身份基本信息（姓名、年龄、个人收入等），另一类是焦点信息（房屋信息、计划使用人数等）。但如果是一款医疗类App，则焦点信息应该是身体状况、历史病例等与服务内容相关的信息。

2. 动态属性

动态属性是指用户在互联网环境下的网络行为。信息时代用户出行、工作、休假和娱乐等都离不开互联网，那么在互联网环境下用户会产生哪些网络行为呢？动态属性能更好地记录用户日常的网络行为和偏好。

了解动态属性的目的是快速甄别出用户与产品有关的行为路径。例如，一款外卖类App在最初做用户研究时，就需要甄别出用户在不方便外出的情况下是如何使用网络订餐的，以及整个订餐过程中有哪些爽点和痛点。动态属性信息与用户行为路径有直接关系，用户画像中动态信息不完整会直接导致对用户行为的判断失误，而用户行为路径中通常包含产品所有的机会点。

3. 标签

静态属性和动态属性相结合，可以使我们对产品面对的用户群体有更加立体、形象和具体的了解。通常情况下，为了让用户形象贯穿整个产品研发流程，往往会使用生动的描述来概括这个用户的特点，这类生动的描述就是标签。图2-21所示的"单身宅男"就是"标签"，这样一个标签对用户进行了生动的概括。

图2-21 标签举例

4. 静态属性、动态属性和标签的关系

用户年龄、职业、地域、婚姻情况等都可以成为用户的标签，这些标签更多的是在陈述用户的基本信息，因此也被称为事实标签。还有一类抽象标签，类似白领、潮流一族、高频用户等，不是简单地对用户静态属性或单次动态属性进行描述，而是对用户大量的静态和动态行为属性经过抽象后形成的。例如，一个用户经常参与团购或购买秒杀区的商品，那么该用户可能会被贴上"价格敏感型"的标签；一个用户热衷购买电子类新品，该用户可能会被贴上"数码潮人"的标签；一个用户近期频繁购买类似某个汽车品牌的脚垫、养护品等商品，该用户可能会被贴上"有车一族"的标签。

5. 为什么要将用户画像标签化

简单来说，用户画像标签化就是将用户信息标签化。任何一个商品进入市场营销推广阶段时，一定有其明确的目标用户群体。比如母婴类商品，在推入市场后根据明确的市场定位和用户群体可知，该商品面向的是二胎高收入家庭、对价格不敏感的上班族等，因此可以抽象出类似"二胎家庭""高收入""价格不敏感""上班族"这样的标签，如图2-22所示。当对所有的用户进行标签化后，就很容易进行需求匹配。

图2-22 用户画像标签化

所列的标签和用户画像的匹配度越高，营销的针对性就越强。

2.5 习题

思考题 ▶▶▶▶

1. 如何理解产品与用户之间的关系？
2. 简述定量分析与定性分析方法的区别与联系。
3. 举例说明寻求潜在用户的方法。
4. 什么是先导型用户？其特点是什么？
5. 什么是情绪？什么是生物性情绪？
6. 如何理解情绪与产品机会？
7. 如何理解痛点、痒点和爽点？举例说明。
8. 什么是情感化设计？
9. 如何理解情感化设计三层次？
10. 如何使用情感化设计A.C.T模型？
11. 如何理解普通用户、深度用户、忠实用户和专家用户？
12. 什么是用户画像？举例说明建立用户画像的重要性。
13. 用户画像的两种属性是什么？如何理解这两种属性与标签的关系？
14. 为什么要对用户画像进行标签化？

实践题 ▶▶▶▶

1. 选定一款上市产品，分析其服务的用户群体，并建立用户画像。
2. 自行分组，拟定产品选题，进行用户深度分析，总结出产品的核心痛点、痒点或爽点，并建立用户画像。

第 **3** 章

需求解读

互联网产品需求解读的本质是问题分析，直观表述为"谁在什么情况下想干什么"。需求解读在产品研发前期占有重要的地位，需求解读中的错误将给项目成果带来极大影响，决定着产品的受众和未来被用户接纳的程度。需求解读的目的是使产品能解决用户的某些"痛点"，提升用户获取有用信息的效率，用户体验好，就能增加用户黏性，促进产品的生命周期进入良性循环发展的状态。正确的需求解读可以把需求变更的范围控制到最小并伴随整个产品的研发周期，这样可以让产品更为健壮，在市场上更具有竞争力和生命力。

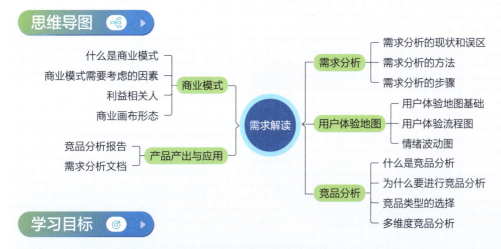

思维导图

什么是商业模式 ┐
商业模式需要考虑的因素 ├── **商业模式** ─┐
利益相关人 ┤　　　　　　　　├── **需求解读**
商业画布形态 ┘　　　　　　　　│
竞品分析报告 ┐　　　　　　　　│
　　　　　　├── **产品产出与应用** ─┘
需求分析文档 ┘

需求分析 ── 需求分析的现状和误区 / 需求分析的方法 / 需求分析的步骤
用户体验地图 ── 用户体验地图基础 / 用户体验流程图 / 情绪波动图
竞品分析 ── 什么是竞品分析 / 为什么要进行竞品分析 / 竞品类型的选择 / 多维度竞品分析

学习目标

（1）掌握需求分析的方法和步骤，重点理解需求分析的现状与误区。

（2）掌握用户体验地图的概念、用户体验流程图和情绪波动图的绘制方法和流程。

（3）了解进行竞品分析的必要性，掌握同类竞品和跨类竞品的优缺点，重点掌握多维度竞品分析的五大核心要素和概念。

（4）理解商业模式的核心、本质、起点和内容。

（5）掌握利益相关人的概念和商业画布的9个模块，理解用户体验设计需要兼顾所有利益相关人的原因。

（6）理解并掌握竞品分析报告和需求分析文档的相关核心内容。

（7）真正掌握互联网产品需求分析的本质和内涵。

3.1　需求分析

产品是用来解决用户"痛点"的，"痛点"很大程度上也是需求。从上一章对用户的分析不难总结出用户需求分析的逻辑流程，具体如下。

Step1：发现用户真正的需求。

Step2：验证粉丝用户的需求是否存在。

Step3：对用户需求的目的、行为和产生原因进行分析。

Step4：过滤掉不合理的、小众的、偏门的需求。

Step5：对筛选后的需求进行优先级排序。

Step6：对用户进行分级，明确用户的需求层次。

这个流程先对用户进行分类，然后进行用户分析，这对我们进行用户需求分析是非常重要的，能够帮助我们打破传统的思维方式，给我们更多的启发。

3.1.1　需求分析的现状和误区

1. 需求分析的现状

目前，互联网产品需求分析的首要问题是产品项目失败的根源在哪里。在CHAOS报告总结的产品项目十大败因中，有4个因素是与需求直接相关的，具体如图3-1所示。

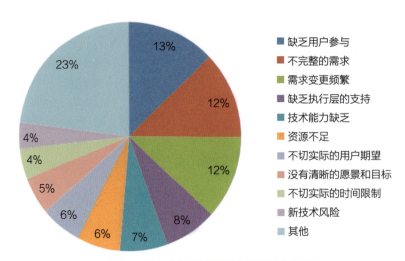

图3-1 CHAOS报告总结的产品项目十大败因

其中与用户需求相关的因素有缺乏用户参与、不完整的需求、需求变更频繁、不切实际的用户期望，这4个因素加起来占43%，如图3-2所示。

（1）缺乏用户参与

在很多项目中，用户都不能有效地参与到项目中来。其实，用户的主动参与意识是与其所能得到的利益挂钩的。针对这种情况，我们要充分研究不同用户代表的关注点和利益点，用送积分、送礼包等形式吸引用户积极参与。还有一种情况是，当用户鼓起勇气参与活动时，他们往往被需求分析人员用深奥的技术语言吓走，因为用户不愿意进入自己不够专业的领域，他们认为硬着头皮参与只会怯场并丢面子。

（2）不完整的需求

图3-2 与用户需求相关的因素

如果问"谁更有可能对需求的完整性进行评价"，我们一定会说用户代表比开发人员更适合对需求的完整性进行评价，可是一般的需求规格说明书并不是用户起草的，而是由需求分析人员起草的，里面必定会有很多专业术语，这样显然会将技术功底并不深厚的用户代表排除在有效读者之外。对于用户来说，评价需求的完整性有一定困难。因此，要想让用户代表更好地参与到完整性评价中来，就必须采用"业务向导"的组织结构，而不是让用户自己去理解一大堆专业的术语。在实际操作中，可以利用树形层次结构将宏观信息与微观信息进行有效剥离，让用户明白自己的直接需求。

（3）需求变更频繁

首先需要明白的是，"需求变更"和"提出问题"从根本上来说是不一样的。我们如果只是简单地将所有的需求变更看作一个问题，那么无法有效找出问题的根源，也无法有针对性地改进产品，提高设计弹性。用户需求变更太频繁是致命的，因为并非所有的用户需求变更都是合理的，而且这些变更相对而言比较分散，不能体现出真正变更的需求。

（4）不切实际的用户期望

经常会有用户很天真地提出大量的需求，其中有些是技术上根本无法实现的，有些则是在紧张的经济与时间预算内无法实现的。简单来说，就是用户根本不知道自己提出的需求需要多大的开发成本。要解决这个问题，业务人员就得帮助用户理解产品的开发成本，要说明为什么做不到，这样才能真正解决问题，让用户对产品充满正向的期待。

了解了互联网产品项目失败的根源，就不难理解需求分析的现状了。

需求分析的现状就是各个角色之间的沟通失败率太高。各个角色之间的沟通如图3-3所示。

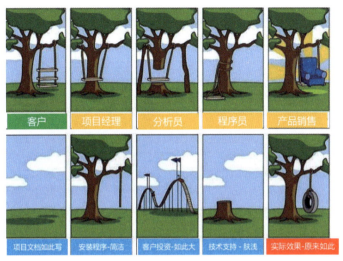

图3-3　各个角色之间的沟通

①客户：提出大量需求，没有考虑实际情况。

②项目经理：将需求进行了控制。

③分析员：根据经验进行了技术加工。

④程序员：断章取义。

⑤产品销售：将产品功能无限放大。

⑥实际效果：与客户期望相差很大。

角色之间的无效沟通导致了产品失败。所以，一个产品成功的背后必定有一个强大且能进行有效沟通的团队，他们之间的沟通必定是真实的、有效的和切合实际的。

2. 需求分析的误区

误区一：产品只要够好，就绝对有人用。

所有的产品都是要解决实际问题的，没有问题就没有需求，也就不应当有产品。比如你看到大街上有很多人体重超重，于是抓紧时间开了一个非常棒的健身房，并且聘请了最好的健身教练，制订了你认为最合理的价格，然后请超重的人去健身，结果他们会说："我们是胖，但是我们自己不觉得这是个问题。"又比如你做了一个可以替代微信的新平台，界面精美、交互流畅，很新奇，且更安全、流量消耗小，但是用户不会贸然去使用你的产品，因为他们在使用微信时没有遇到什么不能接受的问题，并且已经习惯使用微信了，如果贸然使用你的产品，反而会遇到问题。

误区二：目前市场很火，用户非常多，我的产品肯定行。

市场火只能证明这可能是一个比较好的发展方向，但是我们要具体面对市场上的哪些用户？要解决这些用户遇到的什么问题？这些问题反映出来的需求是什么？什么样的功能可以满足这些需求？怎样的产品能满足这样的功能？这些都是环环相扣的，一个环节出了问题体现在产品上，就是有人用和没人用的区别，并且可能直接导致产品失败。

误区三：满足用户越多需求越好。

很多人习惯性地认为服务要一条龙，或者说觉得功能越多越能吸引用户去使用，殊不知，从设计师角度看到的大而全，在用户眼中很可能是完全不同的。产品满足的需求多了，反而证明没有哪个需求是很重要的或者说是刚性的。

一个好的产品，功能不多，能满足的需求也少，但是这并不影响产品的核心功能和价值。例如，微信去掉朋友圈功能后照样可以用，很多用户依然会很开心。

误区四：只要用户有需求，我们就要满足。

为用户实现很难满足的需求，除了要考虑该需求是否合理外，还要综合考虑团队的开发设计能力和现状、投入和产出是否成比例、投入是否值得。例如，我们花了很大成本满足了用户几乎所有的需求，但是所有功能的使用频次都很高吗？用户会为我们的付出买单吗？我们要花很长的时间去分析哪些是"伪需求"，哪些是真正的"强需求"。一般使用"黄金圈法则"可探知用户的"强需求"，它是一种以目标为中心的思维方式，强调要按照目标（Why）、方法（How）、行为（What）的顺序思考问题，黄金圈法则最中心的"Why"才是真实的用户需求，如图3-4所示。

Why: 用户为什么要使用该产品，背后的原因是什么
How: 用户选择或使用该产品产生的结果
What: 用户行为信息

图3-4 黄金圈法则

3.1.2 需求分析的方法

需求分析的方法大致有用户访谈法、问卷调查法、文档研究法、原型法、观察法和头脑风暴6种，如图3-5所示。我们可以把获取用户的需求形象理解为"撒网打鱼"，而不是"休闲钓鱼"。

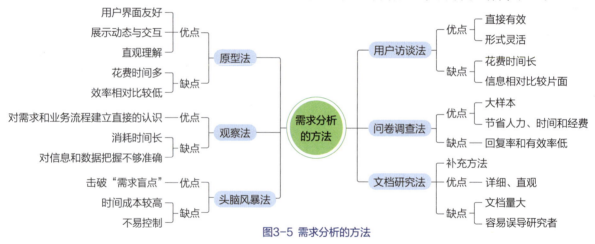

图3-5 需求分析的方法

（1）用户访谈法

用户访谈法是一种最基础的需求分析方法，有利于了解用户对产品的需求和感受，具体操作是通过询问用户收集用户对产品更深层次的需求。这种方法直接有效、形式灵活（有文字、有声音、有图像数据），但是会花费很长的时间，且收集的信息相对比较片面。

使用用户访谈法时，要做好以下几点：针对不同类型的用户提出不同类型的问题；合理安排访谈时间；做好访谈记录工作；注意沟通技巧，获取更多有用的用户需求信息；要做好访谈计划，让访谈的效率和效果最优。

成功运用用户访谈法的关键是：尽量提前将访谈内容告知被访对象，让被访对象有所准备，从而达到事半功倍的效果。

（2）问卷调查法

问卷调查法是一种针对大样本、跨地域的用户的常用调研方法。通过这种方法可以收集更多的数据信息，但数据的有效性需要进一步研究。在设计问卷时要注意问题的篇幅（一般1~3页），题目一定要简洁明了、从易到难，有一定的逻辑相关性，且尽量减少主观题的出现，否则用户可能会胡乱填写；同时还要注意问题类型的选择，避免出现无法回答的封闭式问题。相比之下，问卷调查法能够有效克服在用户访谈中获取的信息存在片面性的问题。

问卷调查法的优点是能突破时空限制，可以在广阔范围内对众多调查对象同时进行调查，节省人力、时间和经费。其缺点是只能获得书面的社会信息，不能了解到生动的、具体的社会情况，回复率和有效率低，对未回答的用户的研究比较困难。

（3）文档研究法

文档研究法是在进行用户访谈、问卷调查后数据仍不足时使用的一种补充方法。其优点是能详细、直观地对文档进行了解和分析，缺点是文档量会很大，容易误导研究者。在使用文档研究法时，要增强主动性，化被动收集为主动索取文档，根据流程分析的结果主动收集相关资料，为用户需求分析提供有力的文档支撑。

（4）原型法

当用户对系统没有直观认识时，可以用原型法帮助用户进行直观理解。其优点是能对用户界面友好性做早期评审；缺点是花费的时间多，效率相对比较低。以用户使用场景为主的原型可以展示界面的动态和交互。也就是说，交互才是原型的本质，不要只关注界面的静态。

（5）观察法

观察法是开发者需要更深入地了解复杂流程、关键人物，并且很多问题用文字表述不清时使用的一种用户需求分析方法。其优点是可以帮助开发者对需求和业务流程建立直接的认识；缺点是消耗时间长，对信息和数据把握不够准确。现场观察能够使开发团队熟悉业务场景，做到"身临其境"。使用观察法进行需求分析时，可以将整个过程录制下来，然后反复观察，找出相关主体，最终解决问题。

（6）头脑风暴法

头脑风暴法（见图3-6）是在一个新的项目启动初期，对关键问题和功能模块进行探讨时使用的一种用户需求分析方法。其优点是有助于相关人员击破"需求盲点"；缺点是时间成本比较高，且不易控制。要想取得比较好的效果，就要做到会前有准备，会中有控制，会后有总结。

图3-6 头脑风暴法

3.1.3 需求分析的步骤

需求分析的步骤如图3-7所示。

图3-7 需求分析的步骤

（1）需求穷举

将用户可能有的需求全部列出来。

（2）角色、场景、路径法

角色：使用产品的人是谁。

场景：在什么情况下使用产品。

路径：使用产品做什么，完整的过程是怎样的。

带着这些问题，为所有的用户需求列出相应的角色、场景和路径，然后判断需求是否具有可行性。如果不可行，原因是什么，应该怎样改进。

（3）抓重点

抓重点就是在穷举的需求中寻找我们可以较好地满足的需求，然后重点关注能为产品带来较大利益的需求。值得一提的是，我们还必须进行竞品分析，找出对手做得不好的地方，或者说对手产品中用户需求的"痛点"，以便我们重点抓的需求能更好地满足用户，从而带来比较好的市场效益。

（4）需求整合与决策

重点找到后，我们会发现一个问题：面对这么多的需求，我们应该怎么做？一个产品不可能完美地满足所有的需求，也不可能为每一个需求做一个功能，否则产品会非常庞大，也会让用户茫然。这时候需要将重点需求整合为一个通用的功能，让用户一目了然。

整合需求的一般方法是：首先过滤掉不合理的、小众的和偏门的需求，然后对需求进行排序，最后对用户进行分级，以明确用户层级和需求强烈程度，这时产品的核心需求就基本明确了。核心需求有了，核心功能就确定了，也就为产品成功打下了坚实的基础。

值得一提的是，如果某一个产品需求看起来很小众，那么一般情况下不用考虑去满足这一需求；但是如果这个小众需求对粉丝用户来说很重要，就需要慎重考虑了，因为粉丝用户的需求才是产品的核心需求。

3.2　用户体验地图

在做任何一个产品时，产品经理都会经历从发现问题到解决问题的过程，用户体验地图可以厘清用户的体验路径，从而找到问题的根源，以可视化的形式反馈到产品中，推进产品不断迭代。

3.2.1　用户体验地图基础

1. 什么是用户体验地图

用户体验地图（Experience Maps）是基于目标用户在特定的场景中，使用产品的某个核心功能或服务时，从开始到结束的整个体验路径，其目的是梳理用户使用流程，从全局视角审视产品，通过用户数据及用户使用过程中的情绪变化，洞察产品的机会点，从而发现用户痛点。通过对用户的体验过程进行调研、分析、资料梳理，将阶段、行为、触点、想法、情绪曲线、爽点、痛点、机会点等梳理成一张可视化的体验地图，然后根据体验地图进行思考、讨论，总结分析出产品的整体体验，最终输出产品的改进方案。

用户体验地图的制作需要花费一定时间和人力，所以通常只会用于产品最核心的场景、功能、服务和流程的设计中。图3-8所示为某大排档简易版用户体验地图。

将进入这个大排档后的整个过程全部逐点列出：从用户看到有人排队，到实际做出排队的举动后进入点餐环节，经过看菜单、准备点餐、点餐、挑水果与坚果、结账、等餐、取餐、取餐具，最后到用餐。在完整的体验中，用户在各环节的体验感受都被详细记录，从图3-8中可以明显看出，看菜单、准备点餐和点餐3个节点是整个事件进行中用户情绪最低落的点，这充分说明用户在看菜单、准备点餐和点餐3个节点的体验是相对不好的，反映了相关环节中用户情绪上的不爽，这些不爽为产品开发提供了机会点。

图3-8 某大排档简易版用户体验地图

2. 为什么需要用户体验地图

用户体验地图可以有效将用户行为和用户场景等信息可视化，进而更清晰地展示用户体验与用户情绪，有助于推动产品更新迭代，更加体现了"以用户为中心"的设计理念。

那么，为什么要使用用户体验地图呢？下面从产品和用户两个角度进行分析，如图3-9所示。

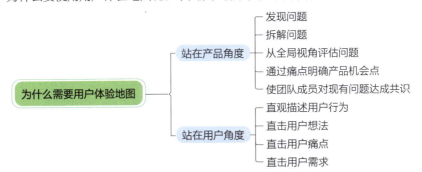

图3-9 使用用户体验地图的原因

（1）站在产品角度

设计者通过流程化、系统化的用户体验地图可以及时发现并拆解产品的问题，全面透彻地从全局视角深入评估存在的问题。通过"触点"确定设计方向，通过"痛点"明确产品机会，同时通过可视化地图促进团队人员积极参与，及时发现问题，发表对于某个业务或功能的看法，对现有问题达成共识。

（2）站在用户角度

用户行为是抽象的、多样的，用户体验地图可以生动地将用户行为展现出来，设计者使用用户体验地图，可以站在用户视角，通过用户的体验阶段、目标、行为、触点等去感受用户的想法、痛点及需求。

3. 如何绘制用户体验地图

绘制用户体验地图，首先要明确用户画像，因为用户体验地图是基于用户画像将完整的用户属性带入体验路径当中进行研究的。其实，在绘制用户画像的阶段，就已明确了目标用户，然后通过用户访谈、问卷调查的方法，围绕用户如何使用产品，针对产品每个关键节点来收集用户遇到的问题和用户使用产品时的路径及情绪。

通常情况下，用户体验地图的绘制步骤分为4步，分别如下。

Step1：确定用户，梳理流程，明确产品和功能目标。

Step2：开展用户访谈或问卷调查，总结并分析问卷，了解用户的行为、想法、情绪。

Step3：获取用户行为数据。

Step4：梳理阶段流程，洞察痛点，发现产品机会点。

用两张图来表现这4个步骤，分别是"用户体验流程图"和"情绪波动图"，后面的两小节将详细讲解和分析。

3.2.2 用户体验流程图

用户体验流程图是围绕"什么人，在什么场景中，为了什么事，有什么样的行为"这个核心问题进行展现的。除此之外还需要详细记录3个要点，即"做了什么（Doing）、想了什么（Thinking）、感受如何（Feeling）"，这些信息以表格的形式呈现。图3-10所示为单一角色体验流程图信息。

如果是平台产品，就需要将所有利益相关人带入用户体验流程中，使其在不同场景下参与以用户为主的流程。图3-11所示为多角色体验流程图信息。

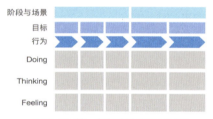

图3-10 单一角色体验流程图信息

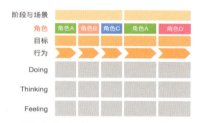

图3-11 多角色体验流程图信息

①阶段与场景：关键节点，用户完成一件事需要的几个步骤。

②角色：利益相关人。

③目标：阐述用户在每个阶段中的真实需求。

④行为：根据阶段拆分为独立的行为节点，使用一个工具来满足一个需求。

⑤Doing：用户在当前场景中具体做了一系列什么样的事情。

⑥Thinking：用户在做这些事情时是怎么想的。

⑦Feeling：在对应的当前动作下，用户有什么样的内心感受。

通过以上分析不难得出，Doing、Thinking和Feeling是将用户体验阶段记录的用户所做、所思、所感带入了用户体验流程中，以点对点的方式更为精确地标明了用户情绪。

图3-12所示为家装用户体验研究的部分体验流程图。

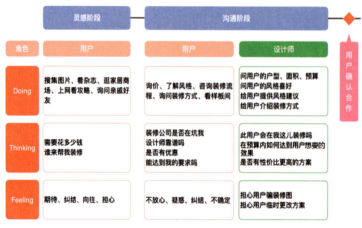

图3-12 家装用户体验研究的部分体验流程图

一般体量比较大的产品的服务项目和业务形态较多，牵涉的利益相关人也多，此时用户体验路径较长，用户体验流程图会画得很长，此时可以分为诸多阶段性节点来展示。

3.2.3 情绪波动图

1. 绘制情绪波动图

情绪波动图一般使用"5条线"（见图3-13左）或"5个面"（见图3-13右）加上情绪波动点来体现爽、愉悦、无感、不爽和恐惧5种情绪。

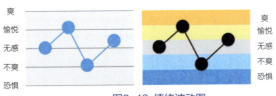

图3-13 情绪波动图

2. 洞察痛点

①无感。中间区域代表"无感"，是用户体验流程的起点，此时用户情绪最稳定。

②愉悦。从中间区域上升一格代表来到"愉悦"的区域，此区域表示用户当前感觉良好，产品能够让用户得到持续的满足，绝大多数产品的核心优势几乎都能使用户的体验感受来到此区域。

③爽。从中间区域上升两格代表用户的体验感受已经来到"爽"点。一般来说，除了游戏，其他的产品很难使用户的体验感受来到此区域，因为游戏会设计各种激励机制和比较刺激的玩法，容易使用户情绪达到"爽"点。

④不爽。从中间区域下降一格代表来到"不爽"的区域。例如，某软件每天登录送相应的积分，但有一天没送，用户就感到今天使用这个软件"不爽"了，所以不爽源于满足感或习惯性的满足感（心理预期）被剥夺，这无关奖励的大小，只要被剥夺就会"不爽"。大多数产品一不小心就会使用户的体验感受来到此区域。

⑤恐惧。从中间区域下降两格代表来到"恐惧"的区域，用户真正的痛点是"恐惧"。如果用户对使用某一个产品或处理某一个事件感到烦躁，他可以选择逃避（不使用产品，或者不去那么做）。烦躁的情绪仅仅代表"不爽"，而并不"痛"，真正让用户"痛"的是，明明很难受，但还要面对，这就会产生"恐惧"情绪。

在设计产品时，要真正解决的痛点是用户的"恐惧"点，用户"怕"什么，产品就围绕着"怕"的点去做解决方案。图3-14所示是家装用户体验研究的部分情绪波动图。

从图3-14中可以清晰看到，在装修初期，用户找灵感、反复确认风格的时候，用户A（蓝色）

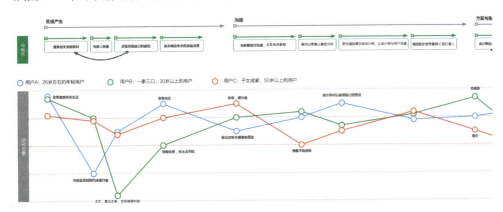

图3-14 家装用户体验研究的部分情绪波动图

和用户B（绿色）出现了情绪的下跌。年轻人由于不懂装修，表现出迷茫从而感到烦躁，只要给出专业且值得信任的建议，就能解决这个"不爽"的点。而中年人有家庭，需要与家庭成员商量，意见可能达不到统一，总是为了这个事吵架，再加上平时工作很忙，就会害怕面对这件事。只要出现恐惧点，无论恐惧点多小，都是"痛点"，要解决这个痛点，就比较难。从问题分析来看，要解决的是家庭成员对装修风格的争执，这不是一个功能可以解决的问题，在这种情况下，往往需要一套正规的服务体系。例如，有人向他们推荐风格，并按照他们对居所的功能要求，推荐专属设计风格，通过主动上门或线上交流等方式，解决"痛点"。然而，在一张完整的情绪波动图中，不但要解决"痛点"，还需要甄别出"爽点"和"痒点"，如图3-15所示。

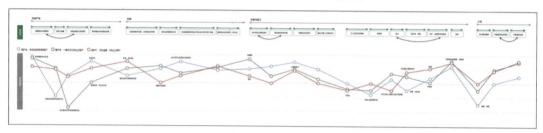

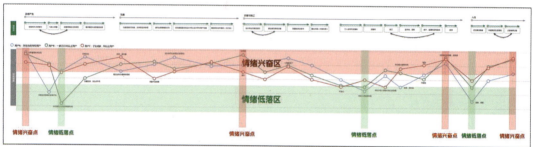

图3-15 家装用户体验研究的完整情绪波动图

3. 发现机会

（1）解决痛点

用户真正的痛点是"恐惧"。一个产品如果能为用户抵御"恐惧"，就已经成功了。例如，在家装案例中，中年人很害怕面对选装修风格时家庭成员意见不统一的情况，年轻人在装修完之后怕累，不愿意面对大扫除和搬家，假如产品能够在这些环节设置服务点，提供帮助用户选风格、打扫和搬家的功能，就已经优于同领域其他竞品了。

（2）优化爽点

当没有明显"痛点"时，就要考虑优化"爽点"。例如，当我们说到抗菌效果好的香皂时，第一个想到的是舒肤佳，但这不代表香皂里只有舒肤佳有抗菌功效，而是舒肤佳在产品功效研究时最先提出了抗菌概念，加上对产品的大力宣传，强化了用户认知，增强了产品的品牌效应和口碑传播力。所以，其他类似的产品要想在市场有更强的竞争力，应优化自身产品具有的"爽点"，使品牌效应深入人心。

（3）创新痒点

当无明显"痛点"，优化"爽点"也没有大的成效时，如果想让产品优于其他竞品，则可以对"痒点"进行创新。虽然"痒点"创新的价值周期较短，影响力和效果也不如前两点，但可以使产品锦上添花，增强产品的核心竞争力，提升用户体验。例如，苹果、三星等国际品牌利用技术手段，使手机的用户体验感不断提升，体现了技术的核心力量。

综上，用户体验流程图是将用户日常行为流程以表格的形式理性地列举出来，而其中的情绪部分是用情绪波动图表达的，设计师综合分析点与点的关系，可以找到"痛点""爽点""痒点"，为产品设计做战略指导。

3.3　竞品分析

雅虎用户体验架构师约翰·希普尔提出：竞争性分析不可或缺，它能为你确定你的世界，并让你的生活轻松很多。每个产品的功能性和视觉性都存在差异，这些差异常常会影响用户对产品的看法，了解竞品对进行用户体验设计是非常重要的。

3.3.1　什么是竞品分析

想做好一个产品，可以先学习别的产品的优点，博采众长，这就是竞品分析的作用。"竞品"指的就是"竞争的产品，即竞争对手的产品"，与"分析"组合起来理解，就是"将自己的产品与竞争对手的产品进行比较和分析"。

竞品分析是一个长时间定期持续积累、不断挖掘和分析的过程，也可以把它理解为一种解决用户"痛点"的解题公式，强调对两款或两款以上产品进行差异化对比分析，分析出自己产品的优势和劣势，从而为下一步决策提供帮助。从拆词的角度，也可以让我们对竞品分析有更加深入的理解（见图3-16）。"竞"表示存在竞争，"品"表示高品质产品，"分"表示分类组合，"析"表示分析输出结论。

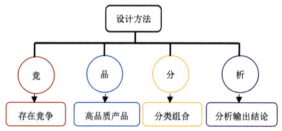

图3-16　竞品分析拆词分析

3.3.2　为什么要进行竞品分析

竞品分析可以帮助我们更好地找准自身产品定位，发现自己产品的优劣所在。系统分析竞品能够全面了解竞品的需求分析、交互设计、视觉风格等，进而推动产品的优化迭代。

①对于团队来说。竞品分析可以让团队更好地了解行业、了解对手都在做什么，制定有效的产品策略或设计策略，从而在和别的产品竞争中取得胜利。

②对于设计师来说。竞品分析可以为设计师提供一份可量化的设计依据，避免过于主观的看法，帮助设计师说服团队成员，提升设计师的专业度，明确设计目标。

③对于设计本身来说。通过竞品分析，设计前可以了解到产品的市场状态、判断和验证市场方向、细分用户群体等；设计中可以进行设计方案和设计产出的对比，寻找差异，找到可以借鉴的地方，规避一些风险；设计后可以时刻关注市场变化和竞品动态，适时进行产品更新迭代。

3.3.3　竞品类型的选择

1. 同类竞品

同类竞品也叫直接竞品，指的是产品功能、针对的用户群体、产品定位等属性基本一致的产品。图3-17所示为滴嗒出行和曹操出行，两者为同类竞品。

优点：有助于直观了解己品和竞品的优缺点，进行优化。

图3-17　滴嗒出行和曹操出行

缺点：同类型App趋于同质化，差异性较小，产品的改变和创新不会太大。

2. 跨类竞品

跨类竞品也叫潜在竞品，指的是产品目标用户不同，产品核心功能不同，但却有内在联系。图3-18所示为滴嗒出行和美团，两者为跨类竞品。

优点：有助于扩展产品的使用群体，增加产品的使用量。

缺点：功能过多，学习成本增加，存在一定风险。

图3-18 滴嗒出行和美团

3.3.4 多维度竞品分析

竞品分析在产品创新中非常重要，在一定程度上决定了产品能否成功。竞品分析看似简单，但要做好却不容易，它是一个持续性的工作，要充分了解对方的产品，尤其要了解对方产品不同版本的演变，从而总结出我们进行创新差异化设计的突破口和创新点，尽量少走弯路，充分做到"知己知彼，百战百胜"。竞品分析的五大核心要素如图3-19所示。

图3-19 竞品分析的五大核心要素

①市场数据。了解同类或跨类竞品的市场情况，包括用户数量、市场份额等相关数据，最好能用图表的形式进行全方位对比展示。

②目标用户。分析同类或跨类竞品的目标用户群体，并对目标用户群体进行画像，分析每个用户群体并掌握用户数据，了解用户收入情况、信用状况、社会关系和购买行为数据等。

③视觉设计。分析同类或跨类竞品在视觉设计方面的优缺点和创新点。

④核心功能。分析同类或跨类竞品吸引用户的核心功能是什么，为什么会吸引用户。

⑤用户体验。分析同类或跨类竞品的用户体验效果，是否符合用户的使用习惯，是否考虑了用户的感受等。

定期输出竞品分析报告是非常有必要的，竞品情报收集与竞品分析工作要持续做下去。坚持每天收集行业情报，每月定期输出一份竞品分析报告和行业情报报告，将各类报告交给项目经理，然后组织团队进行头脑风暴。

竞品分析的重点是分析差异化功能和特色功能，可以从己品与竞品的差异点、竞品的核心功能点和共同的基础功能3个方面进行分析，图3-20很清晰地体现己品和竞品之间的共异点。

图3-20 己品和竞品之间的共异点

通过竞品分析，了解市场变化，分析、提炼、总结新的产品思路，找到自己产品的定位，聚焦核心竞争对手，防范潜在的竞争对手，才能让自己的产品发展得更好。

3.4 商业模式

　　商业模式的核心是产品本身，是产品设计的组成部分。它的本质是通过产品为用户创造价值，为企业带来效益。商业模式的起点来自用户有至少一个"痛点"，即有一种或几种没有被发现或者被发现了但还没有被满足的需求。总的来说，商业模式的内容是"能为用户提供一个什么样的产品，能为用户创造什么样的价值，在创造用户价值的过程中，能用什么样的方法获得商业利益"。商业模式的主要内容如图3-21所示。

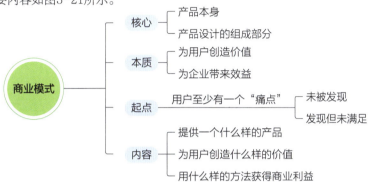

图3-21 商业模式的主要内容

3.4.1 什么是商业模式

　　商业模式是一种包含了一系列要素及其关系的概念性工具，用以阐明某个特定实体的商业逻辑。它描述了企业能为用户提供的价值，以及公司的内部结构、合作伙伴网络和关系资本（Relationship Capital）等用以实现这一价值并产生可持续营利收入的要素。它通过组织管理企业的各类资源（资金、原材料、人力资源、作业方式、销售方式、信息、品牌和知识产权、企业所处的环境、创新力等）形成能为用户提供的产品和服务。

3.4.2 商业模式需要考虑的因素

　　商业模式是管理学的重要研究对象之一，需要考虑价值定位、目标市场、销售和营销、生产、分销、收入模式、成本结构、竞争者，以及市场大小、增长率和份额九大因素，如图3-22所示。

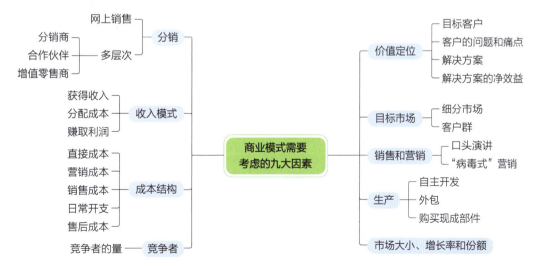

图3-22 商业模式需要考虑的九大因素

①价值定位。它是整个商业模式的起点和支撑点，必须清楚地定义目标客户、客户的问题和痛点、解决方案，以及从客户的角度来看，这种解决方案的净效益。

②目标市场。目标市场指的是产品所面向的客户群，要对市场进行细分，抓住客户的喜好和购物方式等，增强客户的黏性，同时加大口碑传播力度。

③销售和营销。口头演讲和"病毒式"营销是目前最流行的方式，但是启动一项新业务还需要更多的营销手段和策略，方案需要不断细化。

④生产。公司在做产品或服务的时候，除了自主开发以外，还可以采用外包或直接买现成部件的方式。其实无论采用何种生产方式或者模式，最核心的问题都还是进入市场的时间和成本。

⑤分销。有些产品和服务可以在网上销售，有些产品的销售则需要多层次的分销商、合作伙伴或增值零售商共同参与。任何一个产品要想做好，都必须规划好分销模式，这样才能扩大产品的品牌影响力。

⑥收入模式。收入模式是指企业获得收入、分配成本、赚取利润的方式。良好的收入模式不仅能够为企业带来利益，还能为企业编织一张稳固的、共赢的价值网。

⑦成本结构。成本一般由直接成本、营销和销售成本、日常开支、售后成本等构成。

⑧竞争者。没有竞争者也就意味着没有市场，任何一个产品的机会都是在用户的选择中产生的，一般来说有10个以上的竞争者就表明市场已经饱和。

⑨市场大小、增长率和份额。对于任何一个产品，要想进入市场，首先要考虑市场的容量是在增长还是缩小，预计能获得多少市场份额。

3.4.3 利益相关人

1. 什么是利益相关人

利益相关人（Stake Holder）是指能够影响企业目标实现，或者能够被企业在实现目标的过程中影响的任何个人或群体。在产品设计或服务流程设计中，利益相关人被定义为使用一款产品或与这款产品有交集的人、群体或组织。厘清谁是重要的利益相关人，然后将他们对企业的利益期望具体化，把常规的经营环境转变成具体的运营目标，从而有针对性地确定应对策略。

那么谁才是利益相关人呢？可用四象限法来判定利益相关人，如图3-23所示。

图3-23 用四象限法判定利益相关人

①内部：直接参与产品的主体角色，如投资者、开发者、供应商等。
②外部：间接参与产品的主体角色，如卖家、买家、运营人员等。
③受益：从中受益的角色。
④受损：从中受损的角色。
举例如下。
①电商类网站或App：除了平台开发者，利益相关人还包括使用平台来购买商品的用户、平台上的所有卖家、电商运营人员等。

②外卖类系统或App：除了平台开发者，利益相关人还包括用户（购买者）、卖家、骑手、平台管理人员、维护人员等。

③娱乐类系统或App：除了平台开发者，利益相关人还包括用户（玩家）、主播、工会（企业或组织）、平台运营人员（用户运营、产品运营、活动运营、内容运营）等。

2. 为什么用户体验设计需要兼顾所有利益相关人

随着互联网的发展，产品以及服务形态由原来的点对点服务单一用户演变为平台服务，而一个平台的运营由多方共同进行。拿最简单的房产交易类产品来说，最基本的用户包含买方和卖方，如果只考虑买方的用户体验，所有的功能都是针对买方用户体验设计的，那么平台对于卖方用户会显得不友好，导致卖方用户流失，从而影响买方和卖方用户在平台的活跃度。

除了平台类产品，那些链路较长的产品也需要考虑利益相关人的体验，因为该类产品的利益相关人更多，并且用户体验路径较长，所有利益相关人在不同时间、不同场景陆续出现，此时产品要对用户在整体流程中的体验进行把控。例如，前面说到的家装案例，装修是一个非常复杂且漫长的过程，从初始的设计到最后的装修完成，再到入住，核心用户是需要装修的人，他会陆续和设计师、施工队、建材供应商和家居供应商等产生利益关系。在如此长的链路当中，确保每个步骤中参与的双方或者三方甚至更多方的用户体验良好，是此类产品的设计核心。

3.4.4　商业画布形态

1. 什么是商业画布

商业模式画布简称"商业画布"（Business Model Canvas），是指把商业模式涉及的9个关键模块整合到一张画布之中，灵活地描绘或者设计出商业模式。商业画布可以让产品的商业模式一目了然，可以清楚地展现企业正在做什么，为什么要这样做。商业画布是一系列商业决策的假设与前提条件。

一个商业模式包括9个模块，分别是重要伙伴、关键业务、核心资源、价值主张、客户关系、渠道通路、客户细分、成本结构、收入来源，如图3-24所示。每一部分都包含了一系列假设需求，每一个方格都代表着多种可能性和替代方案，只有找到最佳组合，才能维持企业的活力。

图3-24 商业模式的9个模块

2. 如何阐述商业画布

商业画布以可视化、结构化的形式去描述9个模块，每个模块的具体内容分别如下。

①客户细分（Customer Segments）。该模块用来描述一个企业想要接触和服务的不同人群，从而洞察用户、详细地描述用户，思考我们正在为谁创造价值？谁是我们最重要的用户？

②价值主张（Value Propositions）。这一模块包括痛点问题、产品和服务、价值类型。通过对一系列问题的分析，能够精准定位用户的痛点，提供多元化的服务模式，适时引导用户并提供服务保障内容，提升用户对平台的信任度，让流程更标准化，高效地服务用户。

③渠道通路（Channels）。这一模块关注的是通过什么样的平台入口和渠道接触目标用户，哪些方式最有效且成本较低，但效率最高。

④客户关系（Customer Relationships）。这一模块需要考虑的问题是用户和产品如何建立连接，有哪些平台、功能、业务能够将用户进行整合，目前维护客户关系的成本和效率如何。

⑤收入来源（Revenue Streams）。这一模块需要考虑的问题是如何建立用户的付费意愿，提供什么样的付费服务，用户通过什么形式为服务付费，定价策略有哪些，是一次性交易收入，还是持续性交易收入等。

⑥核心资源（Key Resources）。该模块需要考虑的问题是开发者拥有的资源和规模，如资金、技术、人力等。

⑦关键业务（Key Activities）。该模块需要考虑的问题是让商业模式有效运转起来要做哪些事情，我们的价值主张、渠道通路、客户关系、收入来源要如何实现？

⑧重要伙伴（Key Partnerships）。该模块需要考虑的问题是可以进行战略合作的人或机构。

⑨成本结构（Key Structures）。该模块需要考虑的问题是商业模式的运转需要耗费哪些成本，各项成本的占比如何。例如，从设计到研发落地环节中的沟通成本、人力和技术实现成本等，都会影响上线时间和效果，甚至影响产品的最终收益。

3. 商业画布样例

商业模式可以通过构成它的9个模块来确立，这9个模块可以清晰地展示出一个企业寻求并获得收益的逻辑过程。图3-25所示为某购物平台的商业画布，图3-26所示为某航空公司的商业画布。

图3-25 某购物平台的商业画布

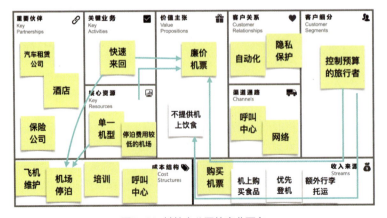

图3-26 某航空公司的商业画布

3.5 产品产出与应用

在产品设计过程中，视觉设计之前的调研部分需要输出大量的文档，将研究分析的结果进行记录及可视化呈现，其中最主要的文档包括竞品分析报告和需求分析文档。

3.5.1 竞品分析报告

通过前面的学习，我们了解了竞品分析相关的基础知识，那么在实际的产品选题论证阶段该如何输出竞品分析报告呢？竞品分析报告应该包含哪些要素和内容？图3-27所示为竞品分析报告的主要内容。

图3-27 竞品分析报告的主要内容

1. 竞品分析目的

该部分主要阐述对所要开发的产品进行竞品分析的目的和意义，分析市场中的同类竞品和跨类竞品，优化产品核心结构和页面布局，确定产品核心功能，同时了解目标用户的核心需求，通过分析市场现状和自身优劣势为产品迭代做准备。不同的产品进行竞品分析的目的基本相同。

2. PEST分析

PEST分析是对相关产品进行市场分析，分别从政治因素、经济因素、社会因素、科技因素4个方面进行概述分析。

①政治因素（Politics）。随着信息网络技术迅猛发展，移动互联网有力推动了互联网和实体经济的深度融合，已经成为创新发展新领域、公共服务新平台、信息分享新渠道。政治因素方面要结合国家最新的会议精神和各种扶持政策等进行分析阐述。

②经济因素（Economic）。经济因素方面主要阐述最新的人均可支配收入、家庭移动终端的普及率和使用率、虚拟服务付费的意愿等调研情况。

③社会因素（Society）。在社会因素方面要结合当前社会现状进行社会性分析。

④科技因素（Technology）。主要分析科学技术的进步对可用性产品的支撑作用，如语音识别、人工智能等的发展。

3. 寻找竞品

竞品分析报告中这部分内容的实现路径从寻找竞品开始，到确定竞品结束。例如，我们要做一款浏览器产品，在竞品选择中以无信息流、简约为同类竞品区分点，以搜索结果呈现和玩法上相似为跨类竞品区分点，选择排名靠前的产品，最后确定同类竞品为"简单搜索"，跨类竞品为"QQ浏览器"。

4. 战略层分析

战略层分析的内容包括己品与竞品的官方产品介绍与产品定位、业务分析（核心业务和其他主要业务）、商业模式（广告营收、客户端服务等）、用户分析（包括用户性别比例分析、年龄构成、地域分布、用户定位、用户需求）4部分。

5. 范围层分析

范围层分析主要是用思维导图的形式绘制出己品和竞品的产品功能结构图，第一级为核心功能，第二级为核心功能所属的二级功能，以此类推，同时可以在思维导图下方用文字对重点功能进行描述。思维导图的绘制可以使用幕布、XMind、MindNode等软件。

6. 结构层分析

结构层分析主要包括产品信息结构图（更详细的功能结构图）、己品和竞品的交互设计操作流程图、己品与竞品结构分析总结等。

7. 与竞品的具体功能对比分析

该部分的分析主要是选择己品和竞品的核心功能进行对比分析。以搜索产品为例，可以选择智能推荐功能对比、语音搜索功能对比、智能陪伴功能对比等，可以用表格和产品页面图片等形式来详细展示。

8. SWOT分析

SWOT分析的主要目的是找出自身产品的优劣势及核心竞争力。S代表优势（Strengths），W代表劣势（Weakness），O代表机会（Opportunity），T代表威胁（Threats）。S、W是内部因素，O、T是外部因素。一般来说，SWOT分析有4种不同类型的组合，机会-优势OS组合、机会-劣势OW组合、优势-威胁ST组合、威胁-劣势TW组合。可以使用两线四象限展示，具体如图3-28所示。

①利用。如果外部机会正好是自身产品的优势，则需要利用起来，这被称为"机会优势战略"（OS）。

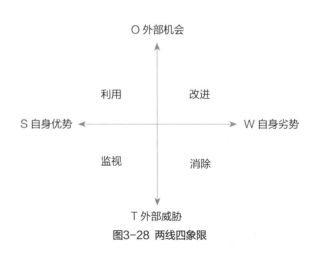

图3-28 两线四象限

②改进。如果外部机会是自身产品的劣势，就需要改进，这被称为"机会劣势战略"（OW）。

③监视。自身产品具有优势但外部威胁存在，就需要时刻紧盯，保持警惕，这被称为"优势威胁战略"（ST）。

④消除。既是外部威胁又是自身产品的劣势，需要及时逃离并消除，这被称为"威胁劣势战略"（TW）。

9. 产品迭代方向

产品从零到一不难，做出来后，要持续不断地对产品进行打磨和优化迭代才能使产品更加稳健，使产品生命周期更长、更持久。产品优化迭代从3个方面进行，分别为核心业务流程、功能交互、视觉设计。

①核心业务流程。减少业务流程的信息冗余，缩短操作路径，减少用户操作步骤，对流程中需要操作的步骤和内容进行合理规划。

②功能交互。统一页面交互，降低用户的认知和操作成本，减少不必要的页面跳转，页面层级一般不要超过4个。建立容错机制，给予用户友好的帮助，提升用户体验，同时建立防错机制。能选择的，就别让用户输入；能系统识别的，就别让用户进行操作等。

③视觉设计。视觉风格要围绕行业特性进行设计，保证风格统一，符合用户审美标准，同时在页面设计中使用一些小技巧，如功能模块化、增加设计层级感、通过颜色的变化来突显核心和重点内容等。

3.5.2 需求分析文档

需求分析文档在产品设计过程中是非常重要的，可以明确产品需求，避免不必要的遗漏，降低团队成员的沟通成本，同时可以进行信息存档，作为功能开发的依据。需求分析文档包括市场需求文档（Market Requirement Document，MRD）和产品需求文档（Product Requirement Document，PRD）。需要强调的是，文档是给别人看的，撰写的文档必须让阅读的人能以最小的代价看懂，因此文档的结构、可读性、对产品描述的完整度和对文档的维护更新非常重要。

1. MRD和PRD的对比

为了让读者更好地了解这两个需求文档，表3-1所示将两个文档进行了对比。

表3-1　MRD与PRD的对比

内容	MRD	PRD
英文全称	Market Requirement Document	Product Requirement Document
中文翻译	市场需求文档	产品需求文档
文档类型	过程性文档	过程性文档
文档作用	基于产品层面的表述，收集、分析、定义主要的用户需求和产品特性，打造初步的产品轮廓	对产品需求进行理解、规划、定义、描述和展示，从"概念化"进入"图纸化"阶段
文档意义	"向上"是对市场数据的一种整合和记录；"向下"是对后续工作方向的说明和指导	"向上"是对MRD内容的继承和发展；"向下"是把MRD中的内容技术化，说明产品功能和性能指标
文档撰写特点	主要从市场问题和机会、市场特征、用户特征、使用者特征和市场需求等方面进行说明	将MRD中有关产品需求的内容单独进行详细说明
文档侧重点	对市场、客户以及市场需求进行定义，用原型的形式加以形象化	对产品功能进行详细说明和量化
局限性	对基础性市场缺乏足够的记录	只重视产品功能描述，缺乏对产品其他指标项的说明

内容	MRD	PRD
两者关系	MRD是PRD的基础，PRD是MRD在产品功能上的具体化	

2．MRD的意义与应用

由表3-1可知，MRD起着"承上启下"的作用，"向上"是对不断积累的市场数据的一种整合和记录，"向下"是对后续工作方向的说明和指导。简单来说，MRD就是对产品所在市场数据的整合，以及对市场分析后得出的结论。撰写MRD时要包括7部分主要内容，分别为市场需求文档介绍、市场问题和机会、市场概述、客户和购买者、使用者和用户原型、市场需求、支持信息，其思维导图如图3-29所示。下面仅介绍主要部分。

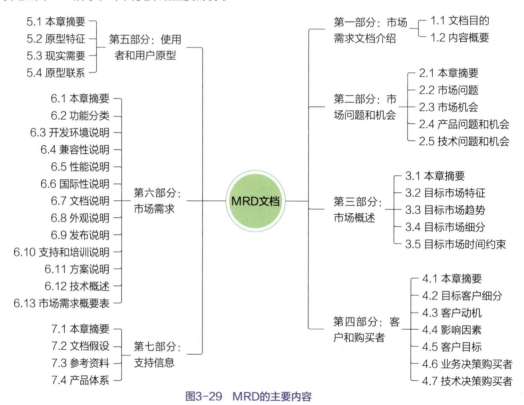

图3-29　MRD的主要内容

下面对第二～第六部分进行说明。

（1）市场问题和机会

这部分主要说明自己的产品在目前所处的市场中有什么问题和机会、产品所需技术面临的问题和机会。从市场层面、产品层面、技术层面具体阐述问题和机会。

①问题。以社交和地域资源分享项目为例，市场问题可以描述为人们跨地域行动的范围扩大会造成成本浪费。同时，每个人的社交资源、所处的地域环境和能力大小不尽相同，人们迫切需要能够把这些资源进行整合的工具，从而更方便快捷地解决问题，节省时间。

②机会。以社交和地域资源分享项目为例，随着移动互联网的蓬勃发展，人们的互联网分享意识逐渐提高，大量社交类和生活类互联网产品的问世营造了极好的市场氛围，目前市场上针对社交和地域资源分享的项目还不是很成熟，这就为该产品提供了市场机会。

（2）市场概述

这部分主要是要求产品管理者说明目标市场的现状和趋势，整体来说市场更趋向于垂直化、个性化和人性化。该部分的核心内容包括目标市场特征、目标市场趋势、目标市场细分（市中心、学校周边、城乡结合等）、目标市场时间约束等。

（3）客户和购买者

这部分的用户是个广义的概念，分为客户（Customer）和购买者（Buyer）两类。该部分的主要内容包括目标客户细分（上班族、学生、家庭等）、客户动机、影响因素（如价格因素）以及客户目标等。

（4）使用者和用户原型

无论什么产品，人才都是产品的最终使用者。该部分的主要内容包括现实需要、原型联系等。

（5）市场需求

把市场需求按类别进行描述，然后使用描述性的语言来说明用户的期望。该部分的主要内容包括功能分类、开发环境说明、兼容性说明、性能说明、国际性说明、文档说明、外观说明、发布说明、支持和培训说明、方案说明、技术概述等。

3. PRD的意义与应用

由表3-1可知，PRD同样起着"承上启下"的作用，"向上"是对MRD内容的继承和发展，"向下"是把MRD中的内容技术化，说明产品功能和性能指标。PRD是对产品需求进行理解、规划、定义、描述和展示，从"概念化"进入"图纸化"阶段。参考"腾讯大讲堂"中关于PRD的讲解，在撰写PRD时要包括9部分主要内容，分别为项目背景、产品目标、用户分析、核心场景、业务流程、具体需求、数据埋点（统计需求）、风险评估和迭代计划，其思维导图如图3-30所示。

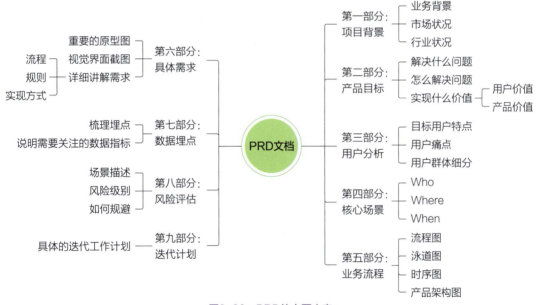

图3-30　PRD的主要内容

撰写时需要注意几个问题：首先要站在用户视角，了解他们的工作场景及诉求，输出解决方案，提升用户体验；其次要有结构化思维，将搜集到的信息、数据等素材按一定的逻辑进行归总，将复杂的问题简单化；最后要有闭环思维，有始有终，只有明确每一次迭代需求的目标，规划好下一次迭代的需求，才能不断推动问题解决，进入良性循环。

（1）项目背景

描述需求产生的背景，如当前的业务背景、市场状况、行业状况。

（2）产品目标

描述项目预期要达到的目标、要解决什么问题、如何实现用户价值和产品价值。

（3）用户分析

以表格的形式分析目标用户特点、用户痛点、用户群体细分等，有助于设计更好的产品。

（4）核心场景

使用"3W"方法描述清楚各核心场景下用户的行为路径，即"Who"在"Where、When"的情况下，为了什么目标做了什么，实现了什么价值和任务。

（5）业务流程

使用流程图、泳道图或时序图等业务流程图详细描述业务的流程，如果产品功能需求较大，则可以配上产品架构图，如图3-31所示。

图3-31　××平台的产品架构图

（6）具体需求

以表格的形式说明具体需求，如表3-2所示。

表3-2　具体需求

编号	模块	名称	配图	说明
1	具体模块	对应的模块名称	重要的原型图或视觉界面截图	详细讲解需求的流程、规则和实现方式

（7）数据埋点（统计需求）

如果有数据方面的需求，则可提前梳理埋点，说明需要关注的数据指标，如表3-3所示。

表3-3　数据埋点梳理表

编号	模块	指标名称	事件	指标描述	现状（如有）	目标（如有）
1	具体模块	×××	×××	×××	具体数值	具体数值

（8）风险评估

对当前的项目必须预估风险并且思考对应的规避策略，如表3-4所示。

表3-4 风险评估统计表

编号	风险名称	场景描述	风险级别	如何规避
1	×××	×××	×××	减轻、预防、转移、回避、接受

（9）迭代计划

描述产品需求后续的迭代计划，使产品的设计研发具有可扩展性和延续性，使产品在市场上良性发展。

3.6 习题

思考题

1. 简述需求分析常见的几个误区，并简要分析这些误区可能导致的后果。
2. 简述需求分析的步骤。
3. 从不同角度分析产品设计中使用用户体验地图的原因。
4. 如何从情绪波动图的分析中发现产品竞争机会？
5. 举例说明对同类竞品和跨类竞品的理解。
6. 在进行产品开发时为什么要考虑商业模式？
7. 简要阐述对利益相关人的理解，并举例说明。
8. 如何理解互联网产品在设计过程中要使用商业画布。

实践题

1. 根据自己小组的选题，分别画出产品的体验流程图和情绪波动图，使用软件不限制，并在组间或班级内交流分享。
2. 根据自己小组的选题，基于9个模块画出产品的商业画布，并进行交流分享。
3. 根据自己小组的选题，选择3种不同的竞品进行分析，输出竞品分析报告。

第4章

用户体验设计

用户体验设计（User Experience Design，UED）的核心思维是"简约至上，不是帮用户做决定，而是让用户更简单地做决定"。通过对不同设计体系的探索，将感性和理性两种思维融合，在用户和产品之间建立更加深刻和广泛的联系，发掘更多的价值。对于设计师来说，呈现在用户面前的产品越简单，背后要做的工作就越多。对于企业来说，如果不将设计的焦点聚焦在用户体验上，就做不出成功的产品。用户体验好的产品会增加用户的黏性，从而提升产品竞争力，为企业创造更多的利益，为设计师带来比以往更多的话语权。

思维导图

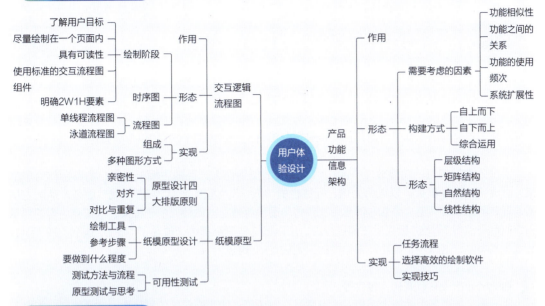

学习目标

（1）理解用户体验设计的核心和意义。

（2）理解产品功能信息架构的作用。

（3）了解产品功能信息架构设计需要考虑的因素，重点掌握产品功能信息架构的构建方式和形态。

（4）重点理解产品功能信息架构的任务流程和实现技巧。

（5）理解交互逻辑流程图在产品设计中的作用，重点掌握交互逻辑流程图的形态。

（6）重点掌握交互逻辑流程图的多种绘图形式，在实际产品设计中应用。

（7）掌握原型设计的四大排版原则。

（8）掌握纸模原型设计的步骤和测试方法。

（9）真正理解用户体验设计在互联网产品设计中的核心地位。

4.1 产品功能信息架构

在进行产品设计时，不要急于立马着手绘制产品原型，要先梳理好思路进行产品功能信息架构的设计，这类似于建房子时的"立柱子"和"搭框架"。

信息架构（Information Architecture，IA）是一种使问题变清晰的方式。

4.1.1 产品功能信息架构的作用

在进行产品规划、产品设计时，产品功能信息架构可以让设计师拥有相对清晰的思路，也让用户在体验产品时，可以更加快速地获取信息，收获更好的用户体验。产品功能信息架构就是按照一定的规则对产品的功能和内容进行组织，包括功能设置和建立路径两部分内容，这两部分结合起来就是产品功能信息架构的最终产物。

用户访问产品页面时，在任何一个页面都能快速获取想要的信息，通过最短的路径到达想去的页面。如果不进行信息架构设计，则整个产品页面可能只是功能的罗列，杂乱且难用，用户体验差。

4.1.2 产品功能信息架构的形态

1. 产品功能信息架构设计需要考虑的因素

一个稳定、高效且扩展性强的架构，需要经过反思、讨论、修改、论证等才能稳定下来。所以画产品原型的时候，不要着急动手画图，一定要先梳理好产品功能信息架构，好的产品功能信息架构会让后面的工作效率更高。当我们有意识地对产品功能进行分类时，就已经开始做产品功能信息架构的工作了。对产品功能进行分类时，一般需要考虑以下4个因素。

（1）功能的相似性

通过分类把相似的功能放在一起，然后以大的类别作为产品的主框架，以小的类别作为子框架，形成整个产品框架。以微信为例，标签栏的"微信""通讯录""发现""我"就是产品的主框架，好友消息、群消息、公众号消息、文件传输助手等就是"微信"的子框架，这部分内容的展示和访问都是点击"微信"标签后才能进行的，所以把这些消息都统一放在了"微信"这个类别下面，其他标签类似，这就是依据功能相似性的原则进行的分类。

（2）功能之间的关系

功能之间的关系有并列、包含等。

①并列。如果多个功能之间相对没有联系，则适用于使用横向的信息架构，这类框架功能之间就是并列的关系。例如，微信里面的"微信""通讯录""发现""我"这4个功能相互之间的影响很小，所以采用并列的信息架构。

②包含。如果多个功能之间是包含的关系，则适用于使用纵向的信息架构。例如，在淘宝中，要想收到自己买的货物必须得经过挑选、下单、付款等流程，这些流程就是包含的关系，所以采用包含的信息架构。

（3）功能的使用频次

使用的频次越高，说明这个功能越重要，因此要把这个功能放在页面中最容易触及或符合视觉流方向的地方。在设计产品功能信息架构时，优先考虑以这个功能为核心进行信息架构布局。例如，微信的消息功能也就是"微信"标签的功能使用频率最高，所以把它放在标签栏最左侧，符合用户从左到右的视觉流习惯，当用户打开微信时，默认状态下呈现的就是该标签对应的界面。

（4）系统的扩展性

产品从无到有，其功能是不断增加和完善的。在开始进行产品功能信息架构设计时，可能不知道未来会增加什么功能，但在产品要更新迭代增加功能时，不能影响原有系统，这就要求产品经理在做信息架构时一定要考虑系统的扩展性。

2. 产品功能信息架构的构建方式

产品功能信息架构有自上而下、自下而上和综合运用3种构建方式。信息架构的基本单位是节点。节点可对应任意功能、信息片段或组合，小到一个控件，大到一个功能。

（1）自上而下

自上而下的构建方式（见图4-1）是由战略层驱动的，根据产品目标和用户需求直接进行结构设计，先从最有可能满足用户需求的功能和内容开始分类，再依据逻辑细分次级类别。

（2）自下而上

自下而上的构建方式（见图4-2）是由范围层驱动的，根据产品现有内容和功能进行结构设计，将它们分别归属

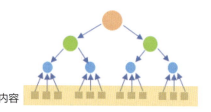

图4-1 自上而下的构建方式

到较高一级的类别，从而逐渐构建出能反映产品目标和用户需求的结构。这是项目实践中最常用的一种方式，类似于卡片分类法，但这种方式的可扩展性不强。

（3）综合运用

自上而下和自下而上的构建方式都有其明显的缺点，理想的信息架构构建方式都是综合运用这两种构建方式，同时从战略层和范围层进行驱动，构建出一个适应性强的系统。综合运用的构建方式能把新内容作为现有结构的一部分增加进来（见图4-3左侧红色部分），也可以把新内容作为一个完整的部分加入（见图4-3右侧红色部分）。

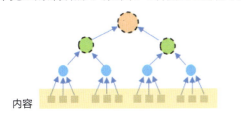
图4-2 自下而上的构建方式

图4-3 综合运用的构建方式

3. 产品功能信息架构的形态

常见的产品信息架构形态有4种，分别为层级结构、矩阵结构、自然结构和线性结构。

（1）层级结构

层级结构又叫树状结构或中心辐射结构，节点与节点之间存在父子关系，每一个节点都有父节点。最顶层的节点被称为根节点，如图4-4所示。

优点：结构清晰，层级关系明确，有冗余度和可扩充度。

缺点：改变父级结构会影响其所有的子节点。

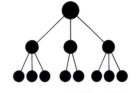
图4-4 层级结构示意图

适用场景：既可用于整个产品，又可用于子模块。

层级结构案例如图4-5所示。其中，图4-5（a）底部的Tab形式、图4-5（b）中分类的导航栏形式、图4-5（c）的列表形式等，都属于典型的层级结构运用，有明确的父子关系。

（a）　　　　　　（b）　　　　　　（c）

图4-5 层级结构案例

（2）矩阵结构

矩阵结构允许用户沿着多个维度在节点之间移动，最终用户都可以获得想要的信息。每一个用户的需求都可以和矩阵结构中的一个轴联系起来，这使得用户能在相同内容中寻找到各自想要的信息，如图4-6所示。

优点：通过多维度获取同一内容，从同一内容中了解多维信息。

缺点：学习成本高，形式相对复杂。

适用场景：从全局考虑的高频功能或信息。

矩阵结构案例如图4-7所示。其中，"扫一扫"功能可分别通过图4-7（a）中的两个入口启动；对于图4-7（b）中的"搜索"功能，可直接输入搜索内容，也可选择历史搜索或热门搜索中的内容来启动。

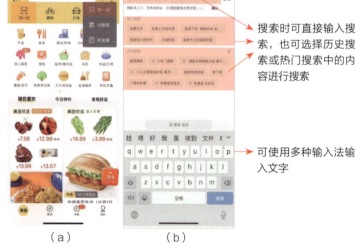

搜索时可直接输入搜索，也可选择历史搜索或热门搜索中的内容进行搜索

可使用多种输入法输入文字

（a）　　　　（b）

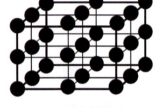

图4-6　矩阵结构示意图　　　　图4-7　层级结构案例

（3）自然结构

自然结构的各个节点被逐一连接起来，节点没有分类，但节点与节点之间有联系，如图4-8所示。

优点：自然流畅，接近现实认知。

缺点：随机性，用户不可控，不利于再次查找。

适用场景：常用于子模块中一系列关系不明确或一直在变化的功能，如推荐模块、发现模块等。

图4-9（a）所示的"发现"功能和图4-9（b）所示的"推荐"功能都属于典型的自然结构运用。

（a）　　　　（b）

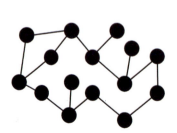

图4-8　自然结构示意图　　　　图4-9　自然结构案例

（4）线性结构

在线性结构中，用户不能进行跳转，只能一步一步按顺序浏览
对应的信息，如图4-10所示。

图4-10 线性结构示意图

优点：操作简单。

缺点：拓展性有限，用户控制感较差。

适用场景：常用于小的节点，如新功能引入向导、系统引导页、H5活动页等，如图4-11
所示。

图4-11 线性结构案例

4.1.3　产品功能信息架构的实现

1. 产品功能信息架构的任务流程

通过前面对信息架构的构建方式和形态的学习，结合用户体验设计的五大层面模型，可以梳理
出特定结构的信息架构和任务流程，用逻辑推理的方式以受众易理解的形式呈现。信息架构的任务
流程是以战略层和范围层为研究基础的，结构层对分析后的信息在宏观和微观上进行分类组织，为
框架层和表现层的原型设计提供了内容和依据，如图4-12所示。

战略层：业务架构。

范围层：内容与功能架构。

结构层：信息架构。

框架层：低保真原型。

表现层：高保真原型。

图4-12 信息架构的任务流程

2. 选择高效的绘图软件

下面介绍几种比较好用的绘图软件，具体使用哪种根据个人绘图习惯合理选择。

▶ **亿图图示**：零基础也可快速绘制流程图，简单易上手，280多种绘图类型、海量流程图素材，赋能多场景绘图创意，支持多格式一键导出，如图4-13所示。

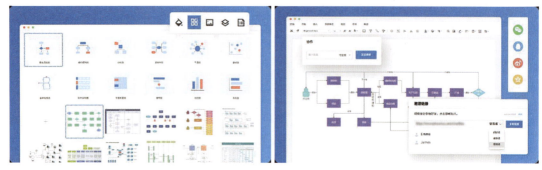

图4-13 亿图图示软件（Edraw Max）

boardmix：博思白板（boardmix）是一款基于浏览器的在线绘图软件，除了具备微软白板自由涂画、文本编辑能力外，boardmix还集成了众多功能（流程图、思维导图、SWOT分析、团队头脑风暴、用户画像、用户体验地图等），提供了多款现成的流程图模板，如图4-14所示。

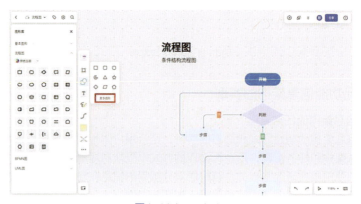

图4-14 boardmix

好用的绘图软件很多，例如，还有Visio、Axure等。

3. 产品功能信息架构的实现技巧

（1）按照总分结构确定关键的一级节点

关键的一级节点指的是产品最主要的信息模块，是围绕产品本身拓展开的。通常一级节点不会太多（微信有底部导航Tab的5个一级节点），在绘制时可以将底部Tab作为一级节点，如图4-15所示。

图4-15 确定一级节点

（2）绘制单个一级节点模块的信息架构图，之后逐个完善

对图4-15中的各个一级节点信息模块（主功能）逐个进行绘制，由于页面中某个主功能可能包含多个子功能，某个子功能又有可能包含多个子子功能，以此类推可能延伸的节点较多，因此在绘制时需要注意以下几个问题。

问题1：绘制的层级不能过多，否则操作太烦琐，用户体验不好，一般不要超过4级。

问题2：功能描述要简洁，避免产生歧义。

单个一级节点信息架构如图4-16所示。

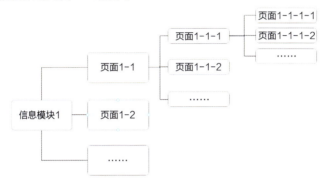

图4-16 单个一级节点信息架构

（3）若某个页面在不同的一级节点内出现，应明确标识

某个页面或功能经常在一个应用内由不同的路径启动，或者重复出现，则在绘制时需要注意以下几个问题。

问题1：该功能只需在某个信息模块内展开，当其他信息模块也用到该功能时，只填写名称，无须再次展开。

问题2：不同的一级节点信息模块内使用相同的页面时，建议明确标识，以便快速辨识，如图4-17所示。

图4-17 同一个页面的多次使用

4.2　交互逻辑流程图

4.2.1　交互逻辑流程图的作用

有了内容充分且详细的产品功能信息架构图后，就要开始进行交互逻辑流程图的设计，在设计时需要从以下两个角度思考。

①从产品功能出发，思考产品功能信息架构当中的所有功能点及业务流程如何呈现，图4-18所示为用户行为路径图。

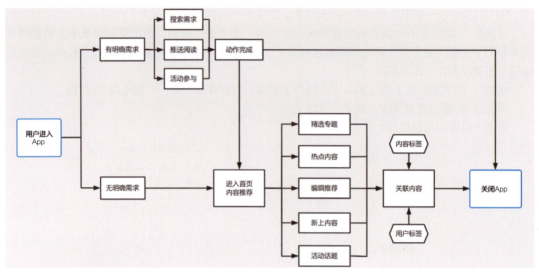

图4-18 用户行为路径图

②从产品用户出发，思考用户遇到问题时，如何使用产品的相关功能快速解决问题或获得有用信息，图4-19所示为登录功能的交互逻辑流程图。

互联网产品设计的核心在于用户体验设计，而用户体验恰恰反映在交互逻辑流程图中。所以在这个阶段，主要研究用户在场景中的使用习惯，规划用户使用产品的路径，产出交互逻辑流程图。

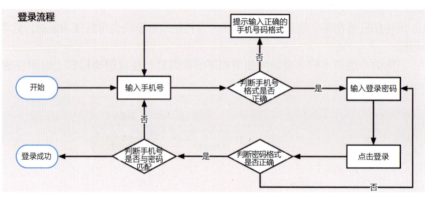

图4-19 交互逻辑流程图

4.2.2 交互逻辑流程图的形态

交互逻辑流程图的形态主要表现为时序图和流程图。通过交互逻辑流程图可以更直观地了解用户操作路径，从而优化用户体验。

1. 交互逻辑流程图的绘制阶段

在开发产品前，交互逻辑流程图能帮助设计师和开发人员分解复杂的流程，在需求评审和方案传递时极为实用。视觉设计师和开发人员只看逻辑流程图就能快速理解产品功能，比起文字型文档，交互逻辑流程图可以大大降低沟通和理解成本，制作也简单快捷。

（1）了解目标用户

交互逻辑流程图的起点是用户，所以研究目标用户和用户需求是必须的，这样可以更加精准地调整产品定位。设计师首先要确定用户是以什么样的身份通过什么样的入口进入产品界面的，这样才能继续后面对产品功能的设计。

（2）尽量绘制在一个页面内

在进行产品的原型设计时，通常要绘制每个界面的交互逻辑流程图。为了相关人员能轻松阅读从开始到结束的流程，需要将交互逻辑流程图控制在一个页面内，因为分成多个页面不利于阅读，出现了问题也不容易被发现。

（3）具有可读性

创建交互逻辑流程图的原则始终是从左到右、从上到下，这样更符合人的视觉流，便于团队阅读和理解。同时需要注意的是，每条路径最好不要交叉，以免造成理解上的混乱，增加沟通成本。

（4）使用标准的交互逻辑流程图组件

使用标准的交互逻辑流程图组件是产品经理画好交互逻辑流程图的关键。所有人都遵循同样的标准，这样便于阅读和理解。常见的交互逻辑流程图组件包括开始/结束、逻辑判断、功能描述等，如图4-20所示。

（5）明确2W1H要素

"2W1H"要素能帮助我们在设计交互逻辑流程图的过程中，保持对用户行为和需求的不断思考，避免陷入设计者思维。

Who：目标用户是谁？

What：目标用户的需求是什么？

How：目标用户需要通过哪些操作或步骤才能使他们的需求被满足？

图4-20 常见的交互逻辑流程图组件

2. 时序图

时序图（Sequence Diagram）又名序列图、循序图，是一种统一建模语言（Unified Modeling Language，UML）交互图，多以泳道图的方式呈现。它通过描述对象之间发送消息的时间顺序显示多个对象之间的动态协作。时序图中各系统的协作关系、流程、介入时机等交互动作一目了然，适合多角色的、复杂的流程，可以帮助产品运营团队预判未来的运营管理成本。

图4-21所示为某医院线上预约挂号的交互逻辑流程图，用户按照时间顺序，先后与登录注册、预约平台、预约挂号、信息查询/取消、服务器等环节进行动态协作。

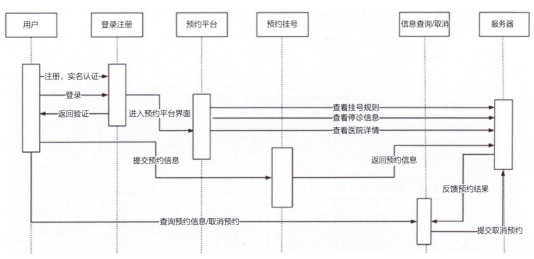

图4-21 某医院线上预约挂号的交互逻辑流程图

3. 流程图

流程图（Flowchart）是描述某一项活动所遵循的顺序的一种图示方法，主要用来说明某一过程，这个过程既可以是生产线上的工艺流程，又可以是完成一项任务必需的操作过程。

常见的流程图有两种形式，分别为单线程流程图和泳道流程图。

（1）单线程流程图

在单线程流程图中，只有唯一的"开始"，无论经过多少交互操作，最终都只有一个唯一的结果。单线程流程图适合表达简单且有一定线性逻辑的事件。图4-22所示的用户注册流程图就是一个典型的单线程流程图。

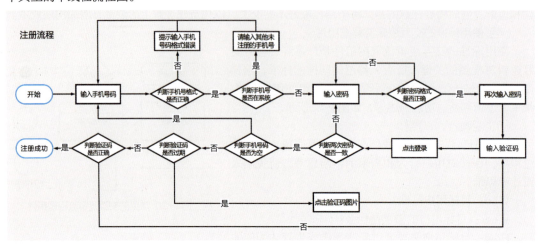

图4-22 典型的单线程流程图

（2）泳道流程图

在泳道流程图中，不仅可以看出功能之间的上下关系，还可以看出某一过程所属的功能模块。对于平台业务流程来说，只用单线程流程图很难表达出所有流程，需要多个单线程流程图来共同表达完整的业务逻辑及交互操作逻辑。图4-23所示的电商类App的整个流程中，需要用户、评价系统、机审系统、客服系统4个角色共同参与。泳道流程图最明显的特点是多条流程并行且互相关联，有唯一的"开始"，但最终的结果不唯一。

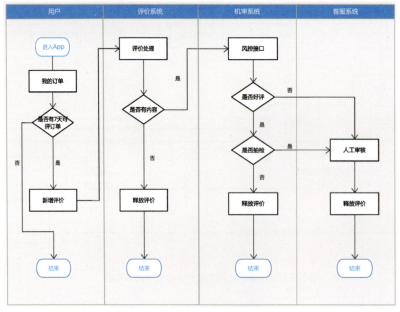

图4-23 典型的泳道流程图

4.2.3　交互逻辑流程图的实现

1. 交互逻辑流程图的组成

交互逻辑流程图是面向表现层的，描述的是界面的跳转逻辑，是用户看到的界面的行为流，如图4-24所示。

从图4-24中可以看出，一个交互逻辑流程图包括以下几个要素。

①界面。一个矩形代表一个界面，在这个流程中，用户经过两个界面（登录页和首页），非界面的内容不要出现。

②动作。界面之间要加上一个触发动作，该动作需要标示出来，如图4-24中的"单击提交按钮"。

③条件。一个动作之后可能有多种（是/否）结果，因此需要在动作之后加上一个或多个菱形进行判断，如图4-24中的"账号密码是否正确"。

2. 交互逻辑流程图的多种绘图形式

常见的顺序/判断交互流程图、多Tab界面交互逻辑流程图、非线性中心化信息交互逻辑流程图分别如图4-25～图4-27所示。

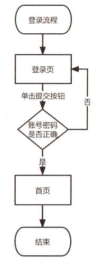

图4-24 交互逻辑流程图

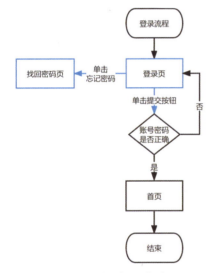

图4-25 顺序/判断交互逻辑流程图

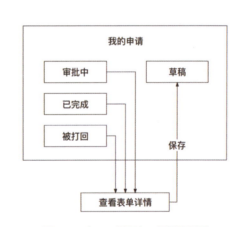

图4-26 多Tab界面交互逻辑流程图

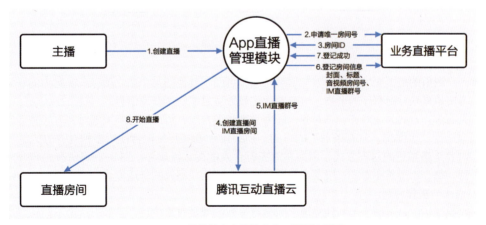

图4-27 非线性中心化信息交互逻辑流程图

4.3 纸模原型

草图是思维的表达形式，可以用来解决问题；同时它也是一种可视化的、更加清晰有效的沟通方式，它的表现力会直接影响到产品设计流程中的信息沟通；它是对产品设计方案和思路的可视化体现，代表了产品经理在设计产品功能时的出发点、想法、理念和逻辑。凭借草图，设计师可以从宏观的角度时刻把控App设计的每一个细节。由于草图的非正式性，在原型设计的前期论证阶段，建议先在纸上画原型草图（纸上推演），再用原型软件画原型（完善）。

4.3.1 原型设计四大排版原则

虽然纸模原型还在原型草图阶段，但一定要运用原型设计排版原则，这样有利于提升产品用户体验，同时也可以提高原型设计效率。

1. 亲密性原则

亲密性原则通过位置是否靠近来体现独立项之间的关系。将业务逻辑相关的独立项物理位置靠近，将业务逻辑不相关的独立项物理位置相对远离，这样便于用户阅读，提升用户体验。

从图4-28中可以看出，业务逻辑相关的独立项（相同颜色）物理位置靠得近一些，它们之间用更细、更淡的线条区分，业务逻辑不相关的独立项（不同颜色）之间用线条或者大色块区分。这样内容上的层次感就特别强，即便不看具体的文字信息，用户也可以清晰看到图4-28（a）的所有内容被划分为4个模块，图4-28（b）的所有内容被分为7个模块，图4-28（c）的所有内容被分为4个模块，每个模块有对应的图标和文字描述。

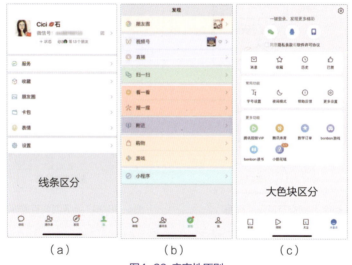

（a）　　　　　　　（b）　　　　　　　（c）

图4-28 亲密性原则

2. 对齐原则

对齐原则指的是页面上的任何独立项都应当和页面上其他的某个独立项存在视觉上的联系，人的视觉习惯是喜欢看到有序的事物，这样阅读比较舒适且能快速获取信息。

常见的对齐方式为左对齐、右对齐、居中对齐和混合式，可以通过不同的对齐方式并借助各种辅助线来达到"页面统一且有条理"的目的。初级设计者应避免混合使用多种对齐方式，一般来说，左对齐是最常见的对齐方式，因为左对齐符合人的视觉流顺序。图4-29将所有内容分成不同的小段落，每个小段落左对齐，段落之间留白，提升了用户阅读的舒适度。

3. 对比与重复原则

对比原则指的是页面上不同独立项之间要有强烈的视觉对比效果，且能表达出不同独立项之间的层级关系。对比的方式有很多，如字体大小的变化、颜色对比度的变化、形状的变化等。

重复原则指的是某些设计方式需要在页面中重复使用，如颜色、符号、字体形式等，实现设计统一，增强视觉效果。

在图4-30中，每个独立项的字体类型、字体大小、字体颜色有对比，但是不同独立项之间，字体类型、字体大小和颜色的使用原则又是重复的。

图4-29 对齐原则　　　　　　　　　　　图4-30 对比与重复原则

4.3.2　纸模原型设计

纸模原型就是画在文档纸上或白板上的设计原型或示意图。

1. 纸模原型绘制工具

不同岗位在沟通的过程中，手绘更能展现人性化的思路，有助于人与人之间的沟通。手绘工作和手绘效果如图4-31所示。

图4-31 手绘工作和手绘效果

手绘原型草图所需的工具有铅笔、橡皮、原型设计模板套装（尺子和纸），当然也可以用尺子和白纸。也有一些人会使用中性笔或马克笔，个人认为使用铅笔相比于使用中性笔或马克笔更便于修改。

2. 纸模原型设计参考步骤

纸模原型也叫作原型草图或低保真原型。在产品的整个开发设计流程中，需求分析部分结束后，就应该形成明确的产品需求了，然后要做的就是把这些需求表达出来。从表达效果来看，原型因其直观的表达方式备受欢迎。设计原型也是有一定要求的：一是要保证原型设计的合理性，避免出现头重脚轻、保真程度不一致的情况；二是要减少原型设计占用的时间，不要在原型设计上投入过多的时间。因此，掌握一定的原型设计方法和技巧很重要。

图4-32清晰地表达了原型草图设计的主要内容。

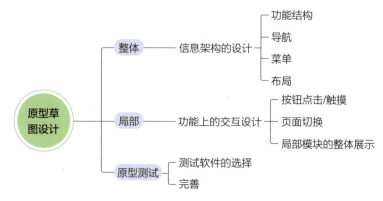

图4-32 原型草图设计的主要内容

原型草图设计的步骤如下。

Step1：确定产品的整体结构

确定产品的整体结构就是确定产品的整体框架，我们可以借助软件将产品的信息架构图绘制出来，把几个主要的功能点抓出来，这几个主要的功能点就组成了产品的初步功能结构。例如，用户管理一级导航栏中可能会有普通用户、会员用户和访客等，这样就确定了用户管理的功能结构。

Step2：确定产品的布局排版

布局排版决定了每个功能模块的位置，然后就可以一块一块地设计原型内容，只需要标示出哪个地方放哪些内容。移动设计常用的布局有大平移式、宫格式、侧滑式、列表式、标签式、混合式、不规则式等（第5章会详细讲解），如图4-33所示。

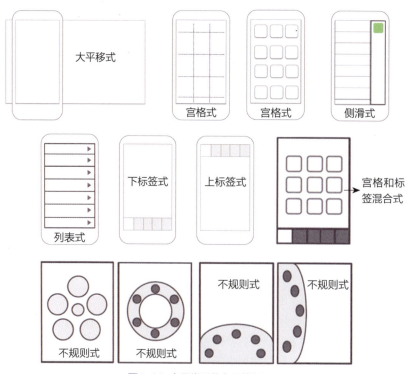

图4-33 产品常见的布局排版

Step3：实现虚拟交互设计

我们可以通过软件设计产品的页面和按钮的交互方式与效果，也可以在原型中标示出来。要将产品的功能模块从前到后连起来，实现流畅的交互和跳转。交互手势在移动设备交互中是最主要的。

①单手指交互手势。横向滑动、纵向滑动、双击、长按、长按加拖动等。

②多手指手势。"捏"和"抻"、两手指双击、"抓"和"放"等。

③指尖触摸。一般来说，触摸宽度为7~10毫米，也就是说，触摸宽度只要不小于7mm，就可以保证用手指触摸起来比较准确和容易。44点约等于7mm，一个点包含4个像素（横向的两个像素和纵向的两个像素），7mm的宽度就是88像素。指尖触摸是最基本、最常用、用户最习惯的一种交互方式。

有研究团队详细描述了他们设计的十几种手势的特定含义，并且说明了操作方法。这些手势是为执行特定任务和经常使用移动设备的用户设计出来的。图4-34比较直观地展示了常用手势的操作方法。如果想了解更多，读者可自行搜索相关页面查看并了解。

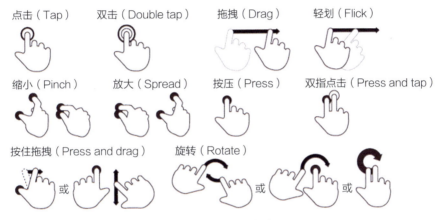

图4-34 常用手势的操作方法

3. 纸模原型要做到什么程度

一般来说，原型做得非常好看会耽误时间，可是做得过于简单或潦草，就会导致有些地方被人误解，那么原型做到什么程度才可以呢？一般来说，纸模原型阶段不需要进行视觉设计，因此过于细节的内容在纸模阶段不需要明确画出，只需要表明产品的核心功能、每个控件的大概位置、整体界面的布局等方面即可。

4.3.3　可用性测试

1. 测试方法与流程

（1）原型测试方法

纸模原型设计出来后，仅仅是在纸上呈现，沟通起来不是很方便，而且交互也无法展示出来，这样会使用户感觉难以理解，同时也不利于团队的沟通和交流。如果能让手绘的原型在移动终端平台动起来，那么将会达到事半功倍的效果，而且也容易发现问题并及时改进。

常见的原型测试软件有POP❊、交互🔥、Mockup📘等。这几款软件都比较容易上手，可以快速对原型进行交互可用性测试，是快速测试和分享App原型的平台。使用时可以查看相应App的操作帮助，或者按照软件提示的步骤一步步完成。

（2）原型测试流程

使用软件测试原型的流程如图4-35所示。

图4-35 原型测试流程

拍摄原型示意图如图4-36所示。

2. 原型测试与思考

（1）原型测试演示

为使读者了解在软件中进行原型测试的操作步骤，对原型测试有基本的认识，这里使用移动端 ※POP软件进行演示，如图4-37所示。

图4-36 拍摄原型示意图

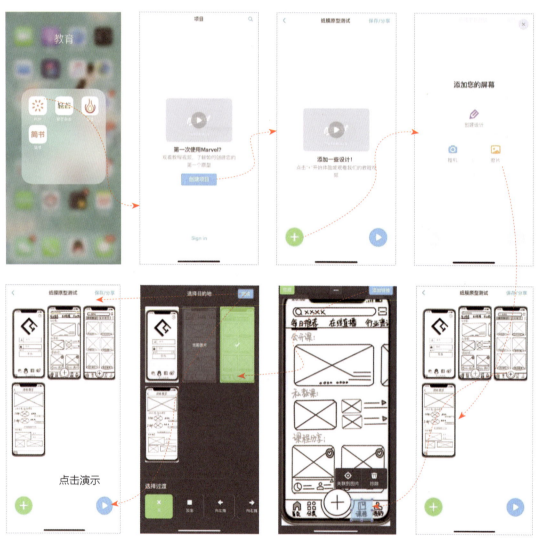

图4-37 原型测试演示

（2）测试完成后的思考和感悟

原型测试完成后，我们肯定会有许多思考、感悟或者一些经验，总结如下。

①测试是非常重要的，但是对于不是很成熟的产品，功能需求的迭代上线才是头等大事，原型测试得出的优选方案可以随着产品的不断成熟逐渐实施。

②原型测试要有明确且唯一的目标。

③要进行多次测试，保证交互流程的顺畅。

④要善于分享测试结果，遇到问题及时修改，保证在低保真原型阶段就发现并修正更多的问题。

4.4 习题

思考题 ▶ ▶ ▶

1. 简述产品功能信息架构的概念和作用。
2. 为什么要进行信息架构设计？在进行设计时需要考虑的因素有哪些？
3. 信息架构的构建方式都有哪些？请简要阐述。
4. 举例说明信息架构的形态。
5. 选一个App产品，分析信息架构的任务流程。
6. 请简要阐述信息架构实现的方法和要注意的问题。
7. 如何理解交互逻辑流程图在移动设计流程中的作用？
8. 绘制交互逻辑流程图时需要注意哪些问题？
9. 常见的交互逻辑流程图有哪几种形式？请简要阐述。
10. 在实际的项目制作过程中，纸模原型设计一般需要做到什么程度？
11. 举例说明原型设计四大排版原则。
12. 为什么要进行原型测试？

实践题 ▶ ▶ ▶

1. 根据自己小组的产品选题，分别画出产品的信息架构图和交互逻辑流程图并输出。
   要求：内容完整，使用软件不限制，并在组间或班级内交流分享。
2. 根据自己小组的选题完成纸模原型并使用熟悉的软件进行原型测试，将测试过程录制成视频。
   要求：手绘完成，铅笔或马克笔均可，并将完成稿和测试视频在组间或班级内交流分享。

第**5**章

电子原型
草图设计

在当今快速成长的产品行业中，用户体验设计变得越来越重要，"原型"在创造成功的用户体验上起到了至关重要的作用。对于许多产品团队来说，原型仍然是用户体验设计过程中最令人困惑的部分之一。"交互性"是原型的根本，可以是任何表现形式。从一系列代表App的不同界面或状态的纸模原型，到功能齐全、像素完美的App，原型是设计想法的表达，是最终产品设计细节的外在呈现。电子原型草图是原型的重要表现形式，因此，本章的内容在互联网产品的设计中有着举足轻重的地位。

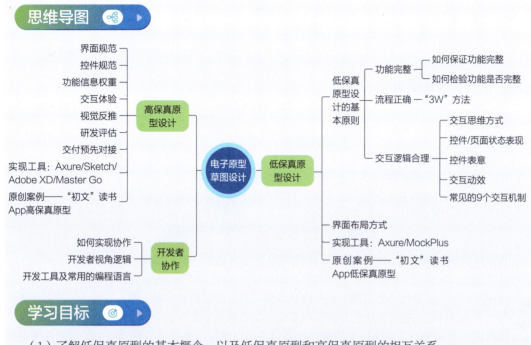

思维导图

```
                                    ┌─ 界面规范
                                    ├─ 控件规范
                                    ├─ 功能信息权重
                                    ├─ 交互体验
                                    ├─ 视觉反推
                                    ├─ 研发评估            高保真原
                                    ├─ 交付预先对接        型设计
                                    ├─ 实现工具：Axure/Sketch/
                                    │  Adobe XD/Master Go
                                    └─ 原创案例——"初文"读书
                                       App高保真原型

                                    ┌─ 如何实现协作
                                    ├─ 开发者视角逻辑      开发者
                                    └─ 开发工具及常用的编程语言  协作
```

电子原型草图设计

低保真原型设计
- 低保真原型设计的基本原则
  - 功能完整
    - 如何保证功能完整
    - 如何检验功能是否完整
  - 流程正确——"3W"方法
  - 交互逻辑合理
    - 交互思维方式
    - 控件/页面状态表现
    - 控件表意
    - 交互动效
    - 常见的9个交互机制
- 界面布局方式
- 实现工具：Axure/MockPlus
- 原创案例——"初文"读书App低保真原型

学习目标

（1）了解低保真原型的基本概念，以及低保真原型和高保真原型的相互关系。

（2）掌握低保真原型设计的基本原则，并能将其灵活运用到产品设计中。

（3）掌握高保真原型设计的相关规范，了解产品研发评估的相关流程和注意事项。

（4）了解原型草图的实现工具、开发平台及其优缺点。

（5）真正理解原型设计的价值和意义。

5.1 低保真原型设计

在互联网产品设计中，产品原型有助于将抽象的想法和设计方案具象化，更好地展示互联网产品设计，同时可以促进团队有效沟通。低保真原型（Low-Fidelity Prototyping，LFP）设计可以是在纸上画的草图或原型（第4章已讲过），也可以是在计算机上设计的产品页面，它的作用是表现产品中最重要的功能所涉及的页面关系，同时它关注产品的功能、结构、操作流程。

设计低保真原型的最大好处是省时、高效。但由于它制作快速，不太重视界面细节部分的设计，因此可能会带来沟通上的困难。它的基本特征是在视觉方面呈现产品的一部分视觉属性，在内容方面仅呈现产品内容的关键元素，在交互方面仅呈现产品中重要功能所涉及的页面关系。它的主要内容包括整体和局部两部分，整体涉及信息架构的设计，局部涉及功能上的交互设计。

低保真原型的基本特征和主要内容如图5-1所示。

5.1.1 低保真原型设计的基本原则

低保真原型设计的基本原则包括功能完整、流程正确和交互逻辑合理。

1. 功能完整

产品经理和交互设计师对产品进行需求分析后，明确了产品的功能需求和业务范围，知道产品需要满足什么需求，如何避开产品需求分析的误区，哪些是"伪需求"，哪些是真正的"强需求"。

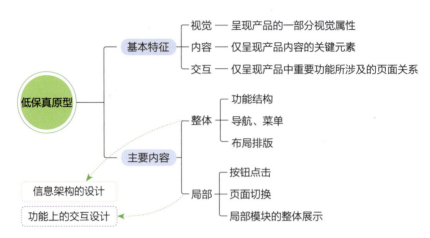

图5-1 低保真原型的基本特征和主要内容

这些需求转化到设计就是功能，当然不同岗位的人员关注点不一样，举例如下。

①交互设计人员关注的是相关功能的任务流程如何实现，有没有限制条件等。

②视觉设计人员关注的是页面的重要信息是哪些，是否需要突出展示等。

③研发人员关注的是所有功能是否都要实现，如果遇到异常该如何处理等。

④测试人员关注的是产品功能的哪些权限用户可以使用，在使用一些功能时的限制条件是什么，功能实现的预期是什么等。

那么，如何才能保证产品的功能完整呢？本小节将进行详细阐述与分析。

（1）如何保证功能完整

要保证功能完整，应注意以下几点。

① 思维层面。运用同理心，站在用户的角度思考问题和解决问题。同理心是一种有效的、完备的思维技能，可以帮助设计师从根本上提升设计能力，更好地实现功能完整性。

② 执行层面。召开业务会议并在会议上确定产品具体方案，建立灵活的、完整的产品设计工作流程，从概念阶段、设计阶段、研发测试阶段，最后到上线阶段（见图5-2），梳理清楚产品的功能架构和信息架构，根据业务需求推导出详细的功能点，同时确定产品的核心功能。

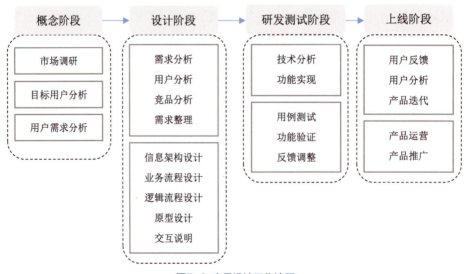

图5-2 产品设计工作流程

③ 设计层面。要明确每个页面的功能模块和信息内容，从主框架的核心功能，到二级、三级页面的主要功能，保证用户在使用产品的过程中获取准确信息的速度快，不会出现功能上的卡顿和断层。从设计角度、开发角度和测试角度出发，为原型中的页面元素状态、信息层级等添加相应的交互说明备注信息，具体如图5-3所示。

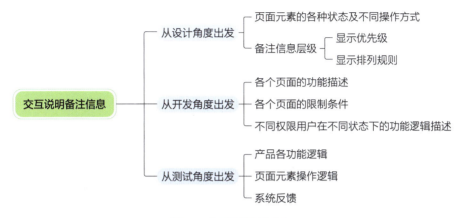

图5-3　交互说明备注信息

（2）如何检验功能是否完整

功能完整性测试是互联网产品检验最关键的环节，目的是验证产品实现的功能是否符合产品需求规格。功能完整性测试的要素包括是否遗漏需求，是否正确实现所有功能，隐式需求是否在产品中实现，输入、输出是否正确（见图5-4）。若实际设计的产品在用户场景中被发现有些功能缺失或不完整，于是临时添加功能，则会给产品带来不良的影响。为了避免或减少发生类似现象，需要检验产品的功能是否完整。

图5-4　功能完整性测试的要素

以下分别从用户、数据和异常3个角度进行检验。

① 从用户角度检验。通常使用"4W"方法，即Why、Who、What、When，这样可以更全面地从用户角度对功能进行衡量与判定。

Why：为什么会有这个功能，是否能引申出其他需求。

Who：这个功能涉及哪些用户，是否有遗漏。

What：这些用户的核心"痛点"或者"诉求"是什么。

When：用户在什么时候会使用该功能，不同用户操作是否有先后顺序。

② 从数据角度检验。

缺查询：新增了信息，但没有查询入口。

缺新增：增加数据时无法进行前台维护。

缺删除：即使有删除功能，功能也可能不全，例如，只有删除当前，没有批量删除，或者在删除时没有提示，没有确认按钮。

缺刷新：当系统自动刷新过慢或没有刷新时，产品缺乏手动刷新的功能。

③ 从异常角度检验。在操作过程中，当出现系统自动退出、网络中断、响应延迟、操作不当等情况时，系统是否会及时提示或处理；当重新登录后，能否继续之前的操作。有经验的设计师会根据产品中容易出现的各种异常状态制订全局的规范，保证对异常状态处理方法的一致性。

常见的异常状态有网络异常、消耗大量流量、空数据、加载失败、操作失败、服务器异常、搜

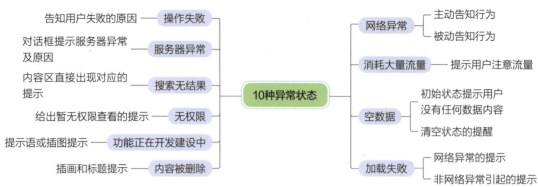

图5-5 常见的异常状态和处理方法

索无结果、无权限、功能正在开发建设中、内容被删除10种，对应的处理方法如图5-5所示。

以上3个角度的检验有利于提升系统功能设计的完整性，所有功能都要通过界面设计来实现，只有遵循检验原则，功能才能更加完整，才能缩短设计与开发周期，使系统更加稳定，用户体验更加完美。

2. 流程正确

低保真原型设计的目的是检验产品功能的完整性、用户操作流程的正确性和流畅性，所以在绘制低保真原型图时，需要梳理功能的交互逻辑流程，确保流程正确。

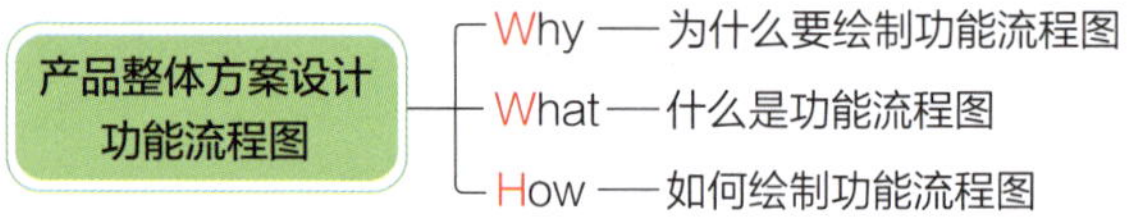

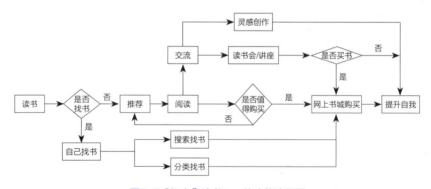

图5-6 "3W"方法

对于交互逻辑流程图（第4章已讲过），设计者只需要掌握"3W"方法即可绘制出符合要求的、逻辑正确的流程图，"3W"方法如图5-6所示。

"初文"读书App的功能流程图（见图5-7）展示了对"3W"方法的应用，它梳理了产品的功能关系，描述了产品单个功能模块间的逻辑流程，并使用Visio软件进行绘制。

图5-7 "初文"读书App的功能流程图

3. 交互逻辑合理

交互的核心是帮助用户与产品沟通，沟通需要遵循一定的逻辑，如果不了解用户和产品的沟通逻辑，就没有办法开发出被用户认可的产品。交互逻辑主要体现在以下几点。

（1）交互思维方式

产品的交互设计离不开对业务需求高层次的分解，要快速理解业务需求，就要具有良好的沟通方式。交互设计师需要用什么样的设计才能向用户展现出产品的品质并传递可靠感，降低用户对产品的认知及理解难度，提升产品的用户体验度呢？

① 快速分解需求

交互设计师接到详细的需求文档后，第一步应该专注于需求的目标分解。例如，产品需要做一

个 "收藏功能"，那么交互设计师首先要思考的是新增 "收藏功能" 对用户来说能得到什么信息。只有了解需求目标之后，设计方向才会明确，据此给出的设计方案才能解决相应的问题，从而实现相应的功能。

②聚焦目标本身，了解产品定位

交互设计师要在商业目标和用户体验目标之间权衡。对于商业目标的理解，有助于设计师快速进行产品定位，做好产品层面及每个功能层面的定位；对于用户体验目标的理解，有助于提升产品的用户体验。作为交互设计师，更要聚焦目标本身对目标进行分析，目标一般分为商业目标、用户体验目标、业务目标、用户目标、产品目标和设计目标，每个目标都有相对应的目标分解，具体如图5-8所示。

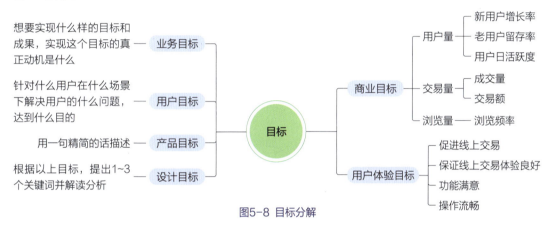

图5-8 目标分解

③场景化设计思维

场景化设计思维是特定类型的用户，在固定的时间和地点产生的某种特别的想法，并采取特定的办法和手段来完成自己这种想法的过程。例如，我们在使用导航App进行导航时，假如当时网络非常不好，如果这时页面不提示，用户则会以为手机死机了，从而导致用户体验感不好。场景化设计如图5-9所示，图中的 "正在加载数据" "偏航重算中" "正在算路，请稍候" "线路规划失败，请稍后重试" 就是场景化设计的例子。

④整体架构设计思维

良好的产品功能信息架构设计有助于产品结构上的稳定。整体架构设计应从对信息进行归类、对信息进行主次划分和不断测试更新迭代3方面思考：将具有相同逻辑的信息归类，同时保持操作逻辑和流程的统一性；运用原型Demo测试，尝试使用不同的方式

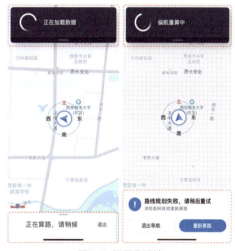

图5-9 场景化设计

对原型进行优化调整；对信息划分主次层级并进行优先级排序，做到核心信息突出，同时适当展示次要信息，如图5-10所示。

（2）控件/页面状态表现

按钮控件的不同状态能给用户更清晰和细致的引导，能提升产品的操作流畅度及用户体验。

①按钮控件的4种状态表现

默认状态（Normal）：表示控件处于活动状态，但是当前并未使用。

突出显示状态（Highlighted）：表示控件正在被按下或正在被使用。

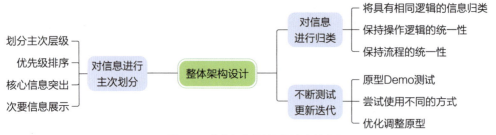

图5-10 整体架构设计需要考虑的方面

鼠标移入状态（Moved）：表示鼠标指针移入该控件。

禁用状态（Disabled）：表示按钮未启用且无法被使用。

② 加载页面的状态表现

加载占位图（Skeleton Screen）是最常用的加载控件，表现形式通常是在页面上待加载区域填充灰色的占位图，作为页面加载过程中的过渡效果，如图5-11所示。在加载前把内容的大致轮廓展现出来，然后加载真正的内容，这样可以降低用户的焦躁情绪，使页面加载过程变得更顺畅。

通常情况下，用户的网络环境是复杂的，如果加载持续时间很久，则单凭加载占位图起不到流畅过渡

图5-11 加载占位图

的效果。在实际的设计使用中，若配合先文字后图片的懒加载、逐条加载和预加载等技术，则用户体验会更好，如图5-12所示。

（a）　　　　　　（b）　　　　　　（c）

图5-12 懒加载、逐条加载、预加载

③ 空状态表现

空状态是指用户使用产品时出现的没有数据的页面。没有关注的人、没有发布任何内容、没有收藏和喜欢、购物车为空 、搜索结果为空、无网络等页面就是所谓的"空状态"。在图5-13中，红色线框中的内容就是空状态时页面的呈现形式，如"网络竟然崩溃了""暂无订单""你还没有关注的人哦"。

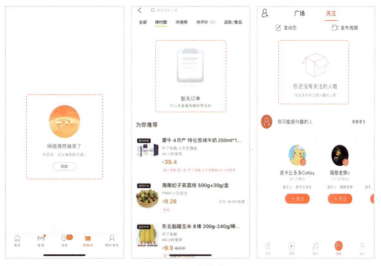

图5-13　空状态

（3）控件表意

控件需要准确表达符合用户心理预期的反馈结果，给用户提示或者暗示，给予用户正确的交互引导，提升用户体验，增强用户的黏性。图5-14所示的"社区"图标为蓝色，其他标签栏图标为黑白色，表明当前在"社区"页面，两个灰色的按钮表明当前按钮不可用。

图5-14　控件表意正确示例

（4）交互动效

在产品同质化越来越严重的今天，如何让自己的产品具有差异化呢？很多人认为交互动效是一个突破口，它能引导用户关注产品重要的信息，彰显产品品牌特性与差异化，创造出符合用户认知习惯的操作体验。从专业角度来说，优秀流畅的交互动效不仅能够赋能产品价值，还能给用户带来高质量的用户体验。王雨_Vision在"人人都是产品经理"网站中发表的原创文章《交互体验之动效深耕》写得非常详细，有很高的参考价值，读者也可以自学。

① 交互动效的作用

交互动效在产品中可以起到缓解用户因为等待而产生的负面情绪，吸引用户眼球，使用户获得较好的产品使用体验。对于初次使用某个产品的新用户来说，交互动效可以更快速地让用户明白如何完成复杂功能的操作等。

可见，交互动效对产品设计来说是非常重要的，其作用主要体现在高效引导、用户行为转化、交互关联、缓解负面情绪、吸睛和降低用户认知成本6个方面，具体每个方面的作用如图5-15所示。

② 交互动效的分类

交互动效大致可以分为4类：引导类动效、转场类动效、反馈类动效和品牌类动效。

a.引导类动效。通过动效吸引用户，一般以流程体验式引导和动态提示为主。

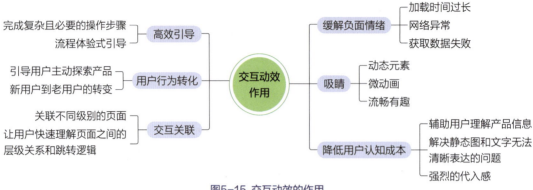

图5-15 交互动效的作用

b. 转场类动效。帮助用户理解页面间的变化和层级关系，让用户清楚地知道自己当前所在的位置，以及将要跳转的页面，是最常见的动效之一。

c. 反馈类动效。告诉用户系统当前的运行状态（数据加载、图片加载、预加载等），减弱用户的迷失感，给予用户一定的心理预期，让用户知道目前系统正常运行，只是需要稍作等待。

d. 品牌类动效。通过动态展示的手法，突出产品的核心功能和特点，给予用户更深、更强烈的记忆，起到宣传品牌的作用。

③ 交互动效设计规范

在交互动效设计中，遵循一定的规范是非常有必要的，设计时要符合一般用户的使用习惯，这样才能提供良好的用户体验，增强用户的黏性。一般来说，以下6个规范必须遵循。

a. 保持过渡的流畅性。遵循一定的动效设计规范，UI元素在时间维度上的变化要让用户感觉很流畅，符合视觉暂留原理。

b. 必要的反馈机制。当用户进行一个操作之后，良好的反馈设计可以让用户更好地了解操作执行的状态，减少用户在等待过程中的焦虑情绪，提升用户体验。

c. 强化体验感与操作感。符合用户的操作习惯，体现"以用户为中心"的设计理念，让用户感觉交互接近真实世界的互动。

d. 有效的帮助和引导。当用户在操作过程中遇到困难时，应及时给予帮助或提示，尤其当新用户使用某个功能时，应通过动效的方式给予操作演示或引导。

e. 提升体验的创新动效。如果我们设计的产品可用性已经很好了，但缺乏亮点，则将动效融入产品之中，可以给用户带来更愉悦的视觉体验，也可以细腻地表现出应用场景的气氛。

f. 200～500ms的动效持续时长。当界面元素改变状态和位置时，动效的持续时间应该以用户能注意到但又不用等待为标准，合适的动效持续时长是界面流畅的关键。大量的研究发现，界面中最优的动效持续时长是200～500ms，这是根据人类大脑的感知水平得出来的，如图5-16所示。通常情况下，任何小于100ms的动效都是人类很难感知到的，而其他大于1s的动效又会让用户感觉有些延迟，不够流畅。

图5-16 动效快慢示意图

谷歌设计规范建议手机上动效的持续时长在200～300ms为宜；在平板电脑上，这个时间会长一点，为400～450ms，这是因为屏幕大，元素位置变化的路径长一些，因此需要的时间会长一些。同理，在可穿戴设备中，动效的持续时长要缩短大约30%，为150～200ms，因为屏幕小，元素位置变化的路径更短。

值得注意的是，如果在页面中创建一些装饰性的动效或者目的是吸引用户的注意力，就应该抛弃这些规范，将动效做得长一些。还需要记住的一点是，无论在什么平台，动效的持续时长都不仅跟它的移动距离有关，还跟它本身的大小有关。小的元素或者变化不大的动效应该移动得更快，而大的元素或者复杂的元素的动效持续时长会稍长。

（5）常见的9个交互机制

在进行原型设计时，往往需要对某个功能的产生逻辑、交互方式等进行说明。可见，了解交互机制可以使设计更加完整，让用户感觉这个产品就是为自己设计的，同时可以避免漏掉一些内容，保证设计的高效性。常见的交互机制有加载、删除、中断、推送、退出、显示、排序、刷新、缓存9个。

① 加载机制

加载机制从加载状态、加载方式和加载范围3个方面考虑，主要表现为是手动加载还是自动加载，优先加载文本还是图片，是一次性全量展示还是分页加载展示等，具体如图5-17所示。

图5-17 加载机制

② 删除机制

删除机制从删除逻辑、删除对象、删除方式和删除状态4个方面考虑，设计时要重点考虑是手动还是自动删除，以及删除确认时的逻辑和状态提示，具体如图5-18所示。

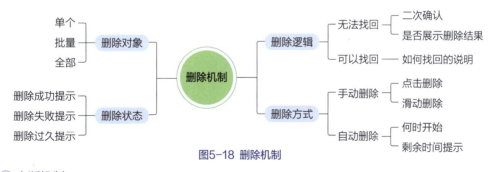

图5-18 删除机制

③ 中断机制

中断机制从数据处理、中断方式、中断程度、软/硬件变化时的处理4个方面考虑，主要表现为当数据发生变化时系统的处理方式、当运行中断时如何处理、当外部设备或外部信号接入或切断时系统的处理方式，具体如图5-19所示。

④ 推送机制

推送机制从推送方式、推送交互两个方面考虑，包括推送内容说明，是推送给所有用户还是局部用户，以及推送的时间、周期和次数等，具体如图5-20所示。

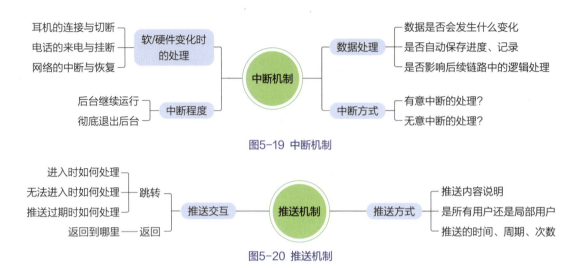

图5-19 中断机制

图5-20 推送机制

⑤ 退出机制

退出机制主要考虑的是操作进度，包括记录是否要保存、是否需要展示退出说明及原因等，表明当系统退出时应该做什么，如图5-21所示。

⑥ 显示机制

显示机制主要从是否有边界值、是否有时效性、显示格式、显示分辨率和显示样式5个方面考虑，如图5-22所示。

图5-21 退出机制

图5-22 显示机制

⑦ 排序机制

排序机制主要从默认排序方式、排序维度两个方面考虑，包括是正序还是倒序、选项优先级是怎么定义的、排序维度是什么等，如图5-23所示。

⑧ 刷新机制

刷新机制主要从手动刷新、自动刷新两方面考虑。如果是手动刷新，则是下拉刷新还是点击刷新；如果是自动刷新，

图5-23 排序机制

就要考虑何时开始刷新、自动刷新前是否告诉用户、自动刷新前是否自动保存操作记录等，如图5-24所示。

图5-24 刷新机制

⑨ 缓存机制

缓存机制主要从缓存位置、缓存清理、缓存内容3个方面考虑，包括缓存的对象、数量和范围，缓存位置是手机本地还是远程服务器，是自动清除缓存还是手动清除缓存等，如图5-25所示。

图5-25 缓存机制

5.1.2 界面布局方式

常见的界面布局方式有以下11种，在实际应用时可以将多种布局方式组合起来使用。

1. 大平移式

大平移式一次只显示全景图中的一部分内容，通过左右拖动查看其他内容，这种布局方式可以减少不必要的跳转，如图5-26所示。

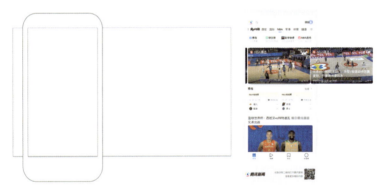

图5-26 大平移式布局

2. 宫格式

宫格式布局简单直观，符合大部分用户的使用习惯，属于主流布局。常见的是3×4布局模式，如图5-27所示。但是这种布局的层级不能太多，否则会显得混乱。

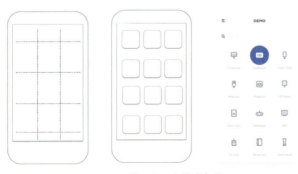

图5-27 宫格式布局

3. 侧滑式

侧滑式布局可以减少跳转，延展性强，但是操作较烦琐，如图5-28所示。

4. 列表式

列表式布局延展性强，但是如果层级太多，查找就会比较麻烦，如图5-29所示。

图5-28 侧滑式布局　　　　　　　　　　图5-29 列表式布局

5. 标签式

标签式布局常用于一些电商类和工具类App中，在视觉上有较好的体验，一般用于承载较为重要的模块的入口（通常被称为"金刚区"）。图5-30所示红色虚线框中的部分为页面的"金刚区"。

6. 手风琴式

手风琴式布局常用于有两级结构的内容，用户点击后显示二级内容，不使用时二级内容被隐藏。图5-31所示红色虚线框中的内容为一级，绿色虚线框中的内容为二级。

图5-30 标签式布局　　　　　　　　　　图5-31　手风琴式布局

7. 卡片式

卡片式布局采用图形与文字说明相结合的方式将信息传达给用户，每张卡片的操作互相独立，互不干扰，如图5-32所示。

8. 瀑布流式

瀑布流式布局中的加载模式能展示更多的内容，使用户更容易沉浸其中；同时巧妙利用视觉层级，使用户视线可以任意流动以缓解视觉疲劳，主要适用于图片和视频等"浏览型"内容的展示，如图5-33所示。

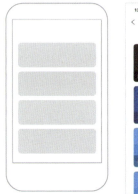

图5-32 卡片式布局　　　　　　　　　　　图5-33 瀑布流式布局

9. 多面板式

多面板式布局可以减少界面跳转，使分类一目了然，适合分类多且内容需要同时展示的界面，如图5-34所示。

图5-34 多面板式布局

10. z轴视差式

当滑动页面内容时，内容与内容之间的运动会有时间差，同时z轴空间也会有深度差异，这样就形成了视差效果，z轴视差式布局如图5-35所示。

图5-35 z 轴视差式布局

11. 不规则式

不规则式布局非常个性化，但是延展性比较差，且对用户要求相对较高，有些操作需要用户付出一定的学习成本，如图5-36所示。

图5-36 不规则式布局

5.1.3 实现工具：Axure/MockPlus

软件MockPlus和Axure是支持iOS和Android平台的设计工具，可以很方便地实现合作者之间的共享，Axure将在后续章节详细讲解，这里只介绍MockPlus的主要功能。相对来说MockPlus易上手，只需要简单了解功能就可以进行原型设计，如图5-37所示。

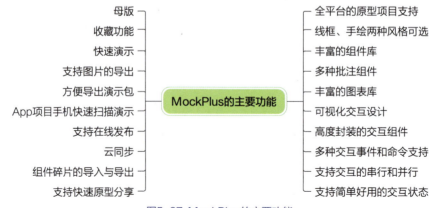

图5-37 MockPlus的主要功能

5.1.4　原创案例——"初文"读书App低保真原型

"初文"读书App原型页面层级如图5-38所示，原型草图样式如图5-39所示。

图5-38 "初文"读书App原型页面层级

图5-39 原型草图样式

5.2　高保真原型设计

5.2.1　界面规范

　　一套完整详细的界面规范可以确立品牌的个性，形成产品品牌长期稳定的延续性、统一性、协同性和高效性。根据统一的界面规范进行设计，整个App产品能够达到视觉上的统一，使用户认识和操作App产品更加容易。

1. 界面类型

界面类型可从产品类型和页面种类出发来分类。

（1）从产品类型出发

不同的产品类型决定了界面的布局方式和展示形式，常见的类型有电商类、金融类、社交娱乐类、影音类、知识付费类、资讯阅读类，如图5-40所示。

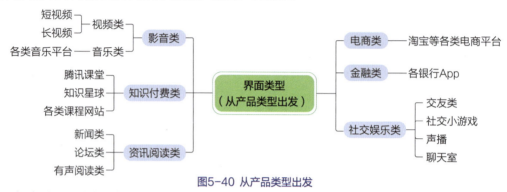

图5-40 从产品类型出发

（2）从页面种类出发

目前比较流行的移动端UI界面有闪屏页、引导页、浮层引导页、空白页、首页、个人中心页、列表页、播放页、详情页、可输入页面共10类，如图5-41所示。

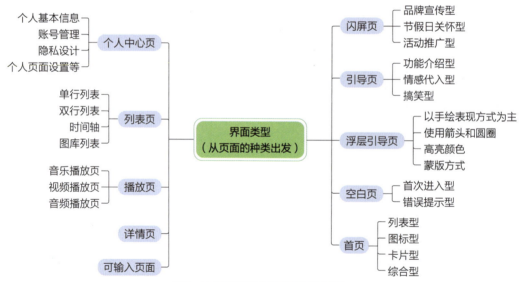

图5-41 界面类型（从页面种类出发）

2. 界面通用规范

了解界面的通用规范可以让设计更加严谨。在实际设计中，不需要为每种尺寸的机型都做一套方案，可以按自己手机的尺寸来设计，方便预览。以下讲解的界面尺寸规范以iPhone X为例。

（1）分辨率与像素倍率

分辨率分为逻辑分辨率和物理分辨率两种。逻辑分辨率的单位为pt，即通过软件可以达到的分辨率。物理分辨率的单位是px，即硬件所支持的设备固有的分辨率。

Android平台的像素倍率分别为1倍率、2倍率和3倍率。在寻找图标资源时会发现文件名有的带@2x、@3x字样，有的不带，其中不带的文件应用于普通屏幕，带@2x、@3x字样的文件分别应用于2倍率和3倍率的Retina屏幕。只要图片准备好，平台就会自己判断用哪张，iOS平台也一样。

例如，iPhone X的物理分辨率为1125px×2436px，逻辑分辨率为375pt×812pt，像素倍率为@3x，物理分辨率是逻辑分辨率的3倍。

（2）界面尺寸设计

手机App界面通常由状态栏、导航栏、内容区域和标签栏组成，如图5-42所示。

图5-42　App界面

界面尺寸：物理分辨率为1125px×2436px，逻辑分辨率为375pt×812pt，像素倍率为@3x。

状态栏（Status bar）：电量条、时间显示区域等，高度为132px。

导航栏（Navigation）：搜索栏等所在区域，高度为132px。

内容区域（Content）：放置页面内容的区域。

标签栏（Tab）：底部标签，高度为147px。

iPhone X机型底部有个镂空的虚拟Home按钮，标签栏要避开这个位置，所以底部会增加一个安全区域，高度为102px，安全区域上面才是标签栏。

（3）界面安全区域

iOS 11新增了一种叫作"Safe Area Layout Guide"的布局。设计界面时，内容放在中间的绿色安全区域（Safe Area），粉红色区域为边缘（Margins），一般两侧各留20~30px，不要太贴边了。注意水平布局时不显示状态栏，安全区底部仍然要留出虚拟Home按钮的位置，如图5-43所示。

设计时一定要注意，操控元素都应该置于安全区域内，这样才不会被设备屏幕上的圆角、传感器和指示灯遮蔽。安全区域内不是不能有任何信息，而是不能有重要的文本信息或者交互信息。安全区域在实际设计中的运用如图5-44所示。

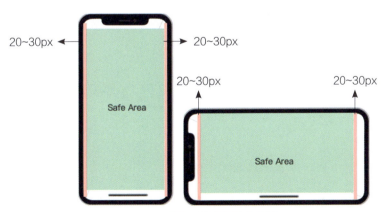

图5-43 界面安全区域

图5-44 安全区域的实际应用

5.2.2　控件规范

设计时必须遵循一定的控件规范，这样可以解决多人协作时控件混乱的问题。如果没有规范，则设计过程中很容易产生细微的出入，导致每个控件都会有细微的差别，做的页面越多，错误就越多，会增加返工率。下面介绍几种常见的控件规范，读者想了解更多的规范，可以登录苹果或Android的官网查询。

1. 常用控件间距

第一类常用的控件间距为134px、90px和42px，在不同的场合使用不同的间距。134px用于两行表单，90px用于单行表单列表和输入框等，42px用于多行表单列表和输入框等，具体如图5-45所示。

图5-45　第一类控件间距示意（黄色为高度）

第二类常用的控件间距为30px和18px，30px用于内容与标题栏的间距等，18px用于标题与内容以及内容说明文本的间距，具体如图5-46所示。

图5-46　第二类控件间距示意（黄色为高度）

2. 图标

图标的用途是帮助用户理解信息，所以识别性是图标最重要、最底层的价值。可以灵活调整图标的间距、大小、角度等，使其做到视觉和感官上的大小统一。图5-47所示为图标绘制模板，通过这些模板可以保证图标在视觉上大小一致。注意要在安全区域内绘制图标，导出以图标的实际输出尺寸为准。

图5-47　图标绘制模板

3. 字体

字体是体系化界面设计中最基本的构成之一，任何一款产品的搭建都要遵循一致、灵活的原则，为用户创造良好的阅读体验。在同一个系统的 UI 设计中先建立体系化的设计思路，对主、次、辅助、标题、展示等类别的字体进行统一规划，如图5-48所示，再到具体场景中微调。建立体系化的设计思路有助于强化横向字体落地的一致性，提高字体应用率，减少不必要的样式。

编号	命名	字号	字重	颜色	使用场景
F1	标准字	16px	Regular	– –	用于重要页面标题、按钮 如页面标题、模态框、页面重要按钮等
F2	标准字	14px	Medium	– –	用于部分强调内容、标题 如表单数字、设置开关说明、已选中状态等
F3	标准字	14px	Regular	– –	用于大多数文字 如单据输入域、表单、按钮、导航栏等
F4	标准字	13px	Regular	– –	用于提示文案和辅助文字 如警告提示文字、内容备注等
F5	标准字	12px	Regular	– –	用于小标题以及部分辅助性文字 如输入域标题、说明文案等

图5-48 字体规范

4. 导航栏

顶部导航栏的文字"返回"和返回控件间距8px，返回控件和导航栏左边距间距30px，右侧的文字"编辑"和左右对象间距30px，如图5-49所示。导航栏左右两侧可使用文字，也可以使用图标，还可以将图标与文字混合使用，如图5-50所示。

图5-49 左右文字按钮导航

图5-50 左文字右图标按钮导航

5. 搜索栏

搜索图标和提示文字"全部应用"间距10px，搜索图标和导航栏左边距间距26px，导航栏左边和左边缘间距30px，具体如图5-51所示。

6. 标签栏

标签栏主要是进行页面切换，点击后不会进入下一级页面，标签栏一般有4个Tab，最少的只有2个Tab，如图5-52所示。

7. 分段控件

分段控件是一条分割成多段的线，每段都是按钮，可激活一种视图方式，如图5-53所示。分段控件的长度由分段数量决定；但高度固定，一般为84px左右；宽度因比例而定，且取决于分段总数。单击分段控件，可使其变成选中状态。分段控件上可以放文字或者图标。

图5-51 搜索栏

图5-52 标签栏

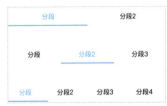

图5-53 分段控件

8. 选择器控件

选择器控件选项的列数是可以设置的，最少1列，最多3列，超出3列的建议拆分，具体标准如图5-54所示。

图5-54 选择器控件

5.2.3 功能信息权重

每一个界面都包含很多不同的控件和标题信息，例如，图5-55所示的淘宝界面头部有搜索按钮、"扫一扫"和"拍照"等图标型按钮，金刚区各功能入口的图标型按钮，内容区域的图片型按钮和底部标签栏的图标型按钮等。由于对各种类型的按钮进行操作后得到的结果各不相同，所以无法将按钮统一为一种。除控件之外，界面中还有文字标题信息等，但无论是控件还是标题信息，它们在界面中都有各自的权重。

1. 界面权重区域划分

根据用户的浏览习惯、操作习惯和功能展示的心理预期，对界面整体区域进行权重划分。根据对界面的结果影响，除状态栏和虚拟Home按钮外，将界面中的主要部分分为3个区域，分别为一级底部区域、二级头部区域和三级内容区域，如图5-56所示。

图5-55　淘宝界面中的按钮分布　　图5-56 界面权重区域划分

（1）一级底部区域

这个区域通常情况下放置的是整个App的一级功能，操作这个区域的控件后，将切换整个二级和三级内容区域的所有功能信息，所以此区域在整个界面中权重最高。

（2）二级头部区域

这个区域通常情况下是当前模块下的各类标签，操作这个区域的控件后，将影响三级内容区域的所有功能信息并切换成其他临时性工具界面，如搜索、扫码、添加、更多等临时弹出的功能栏。

（3）三级内容区域

这个区域通常情况下是当前一级功能下所有信息的展示。值得注意的是，三级区域的内容一般不是最终的详细内容。根据移动端交互逻辑规范，所有详情页都由上一级列表或入口页面进入，所以此区域是详情页的上一级，多以列表式或瀑布流式布局展示。

2. 各区域内容控件权重划分

（1）底部区域

通常情况下底部区域有2~5个功能标签。例如，淘宝App界面下方的5个功能"首页""逛逛""消息""购物车""我的淘宝"均为平级，如图5-57所示。

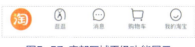

图5-57 底部区域平级功能展示

对于内容型App，中间通常为特色核心功能，使用频次较高，所以在底部标签栏中权重最高，如图5-58所示。

（2）头部区域

此区域细分为3部分，分别为标题、功能控件、分类选项（Tab）。

图5-58 内容型App的核心功能

①标题部分。标题用来显示当前界面的名称（如微信界面头部）或当前状态（如QQ的已登录提示），如图5-59所示。

图5-59 标题部分

②功能控件部分。常见的有搜索栏控件组（包括搜索词语输入框、语音搜索、拍照或图片搜索、搜索图标或搜索按钮）、更多控件（包括扫描、切换、历史记录、添加、分享、消息提醒等）。常用的会直接显示在头部区域，例如，淘宝界面头部中的扫描、消息提醒、拍照等功能控件，如图5-60所示。

图5-60 功能控件部分

图5-61 分类选项部分

③分类选项部分。分类选项部分最常用的方式为文字加下画线，下画线为当前选中状态，iOS常用"胶囊"控件，如图5-61所示。

需要注意的是，控件的权重不是固定的，也会因功能逻辑而变。例如，图5-62所示的"VIP"和"推荐"两个界面的搜索控件组不一样，选项的切换影响着搜索控件的变换，此时分类选项的权重高于搜索控件组。

图5-62 分类选项的权重高于搜索控件组

图5-63所示的"推荐"和"热榜"两个分类选项的切换没有影响搜索控件组，此时搜索控件组的权重高于分类选项。

图5-63 搜索控件组的权重高于分类选项

（3）内容区域

内容区域在界面中占比最大，包括钻石展位广告区、金刚区、推荐区、内容列表（小图多文）、内容瀑布流（大图少文）等，如图5-64所示。

图5-64 内容区域

内容区域按权重大小排序，通常情况下依次为一级钻石展位广告区、二级金刚区和二级推荐区、三级内容列表区。在实际的产品中，由于企业方希望用户看到企业想推广的某一部分功能，所以会主观放大或更换权重。想要做到功能平衡，就需要严格按照用户体验法则进行调研分析，优化调整，兼顾企业与用户的需求。

以爱奇艺优化为例，图5-65所示为早期的一个版本，将推出的一系列视频之外的内容产品（文字、漫画、游戏中心等）放到了二级金刚区，权重高于三级内容列表区的视频内容，这显然与用户的心理期望有差距。后来，它很快迭代出了图5-66所示的另一个版本，将中间大面积的金刚区缩减成了一行只有文字的内容入口，提高了搜索栏控件和钻石展位广告区的权重。在图5-67所示的最新版本中，它直接将文字的内容入口也去掉了，使内容瀑布流区域更大，体现了内容优先的特点，符合用户对产品的预期。

图5-65 爱奇艺旧版　　　　图5-66 爱奇艺迭代版　　　　图5-67 爱奇艺最新版

5.2.4　交互体验

用户体验设计首先解决的是用户的某个实际问题，其次是让问题变得更容易解决，最后是给用户留下深刻的印象，让用户能够在整个过程中有美好的体验。用户体验中的交互体验体现在用户操作中，强调用户行为路径、可用性和易用性、用户心理预期。

1. 用户行为路径

（1）什么是用户行为路径

用户行为路径顾名思义，是用户在App或网站中的访问行为路径。为了衡量互联网产品优化的效果、营销推广的效果，以及了解用户行为偏好，要对用户访问行为路径的转换数据进行分析。

以电商产品为例，买家从登录到支付成功要经过首页浏览、搜索商品、加入购物车、提交订单、支付订单等，而用户真实的选购过程是一个反复的过程。例如，提交订单后，用户可能会返回首页继续搜索商品，也可能会取消订单，每一个路径背后都有不同的动机。与其他分析模型配合进行深入分析后，能快速找到用户动机，从而引导用户走向最优路径或用户期望中的路径。

（2）用户行为路径分析模型的价值

对用户行为路径的分析可以让团队更了解用户的行为与使用习惯，进而推动产品迭代优化。桑基图是分析用户行为路径的有效方法之一，科学的路径分析能够带来以下价值。

① 可视化用户流，全面了解用户整体行为路径。

通过用户行为路径分析，可以将一个事件的上下游进行可视化展示。用户体验设计师可查看当前节点事件的相关信息，包括事件名、分组属性值、后续事件统计、后续事件列表等。运营人员可通过用户行为路径找到不同行为间的关系，挖掘规律并找到产品改进的方向。

② 定位影响用户行为路径转化的主次因素，使产品设计的优化与改进有的放矢。

用户行为路径分析对产品设计的优化与改进有很大的帮助。团队通过用户行为路径分析，可以了解用户从登录到购买的整体行为的主路径和次路径；可以根据用户路径中各个环节的转化率，发现用户的行为规律和偏好；可以监测和定位用户行为路径走向中存在的问题，判断影响用户行为路径转化的主要因素和次要因素；也可以发现某些次要的功能点。

（3）案例分析

许多企业通过第三方数据分析平台分析用户行为路径的真实应用场景，某产品用户行为路径桑基图如图5-68所示。

从图5-68可以得出，用户登录App后，约36%的用户会点击Banner，25%的用户会直接进行

图5-68 某产品用户行为路径桑基图（图片来源：神策数据产品）

商品搜索，约11%的用户会浏览商品列表，约28%的用户会直接退出App。这4类用户中，登录App后首选动作是点击Banner进行商品列表浏览的用户最多，但这部分用户只有30%左右提交订单，说明Banner内容布局一般，并不吸引用户，所以将此作为首选优化与改进的方向。

通过用户行为路径分析，可以总结出以下两条主要路径。

①启动App→搜索商品→提交订单→支付订单。

②启动App→未支付订单→搜索相似商品→取消订单。

从图5-68中的相关数据可以看出，通过第一条用户路径，约59%的提交订单用户支付了订单。第二条用户路径，用户的行为是通过搜索相似商品取消了订单，根据这一行为可以判断该类用户属于"价格导向"的用户。针对此分析结果，可以采取未支付订单超过30分钟则自动取消和在支付页面领取优惠券的措施来做优化。

2. 可用性和易用性

交互体验强调的是可用性和易用性，这对于产品来说是非常重要的属性，主要表现为操作有效、易学、好记、不易出错和识别度高等。

（1）简单明确地提示用户

在登录页面中，支持第三方快捷登录、给出明确的错误提示、有找回密码的入口、没有过多的干扰等设计可以轻松引导用户进行登录操作，用户遇到任何问题都有帮助和提示，从而提升了用户的交互体验，体现了"以用户为中心"的设计理念。中国建设银行网上银行App登录页面如图5-69所示。

图5-69 简单明确地提示用户

（2）表单的填写要简单

使用任意一个App都会碰到填写表单的情况，表单的填写操作一定要简单，使用户能迅速、轻松地完成内容的填写。以新浪微博App登录页面的表单填写为例，有明确的标题，对于需要输入的内容有弱化的文字提示，没有输入时，文字和图标都是弱化状态，输入完成后都进行了正常的显示，如果输入错误，则及时提醒，如图5-70所示。

（3）内容即界面

为了让用户着眼于内容，设计时要将一些不必要的元素删除或通过简单操作隐藏，这样可以将用户注意力引导到用户需要的内容上。以日历和计算器为例，日历和计算器本身就是界面，同时可以通过下滑方式隐藏功能信息，如图5-71所示。

图5-70 表单的填写要简单

图5-71 内容即界面

（4）充分留白

留白又被称作负空间，指的是在设计和布局时控件四周被空出来的部分，留白能营造视觉焦点，吸引用户注意力。这样做的目的是提高可读性、弱化元素与元素之间的阻隔、突出重点、差异化表达、突出页面视觉布局的节奏感。

①提高可读性。

传统的分割线在界面设计上使用得比较多，但在一个界面元素较多的移动端页面上使用较多分割线会构成视觉噪声。为了降低视觉噪声，就要弱化分割线，使其颜色淡到几乎看不见，并采用留白设计来提高可读性。例如，图5-72中的绿色区域为留白，视觉上对内容进行了层次分割。

图5-72 提高可读性

②弱化元素与元素之间的阻隔。

相似功能之间留白，让界面元素之间既有联系又有区分，给用户干净整洁的感觉，如图5-73所示。

③突出重点、差异化表达。

通过留白限制页面中的差异，使内容更突出。大面积的留白对比可以突出重点或者层次，这在电商App中用得比较多，如图5-74中的绿色区域所示。

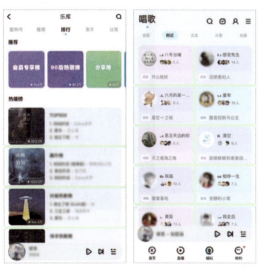

图5-73　弱化元素与元素之间的阻隔　　　　　　　　　图5-74　差异化表达

④突出页面视觉布局的节奏感。

留白可以赋予页面轻重缓急的变化，也可以营造出不同的视觉氛围，通过留白将界面分割为多个大小不同的区域，赋予界面层次变化，如图5-75所示，内容层次分明。

（5）简单的导航

易用性设计的目的是不论用户在哪个页面，都能很容易地找到导航菜单。在实际设计中，应从界面的尺寸限制和内容的优先级出发来决定用哪种导航。目前在移动端App的设计中，标签和列表替代了导航菜单，用户通过简单的点击就可以跳转到不同的页面，如图5-76所示。

图5-75 突出页面视觉布局的节奏感　　　　　　　　　图5-76 简单的导航

3. 用户心理预期

用户心理预期就是用户在使用产品时，根据产品的功能、交互、页面等情况，按照自己的意识想到的每个操作或者使用动作对应的结果。

（1）操作前结果预期

用户在进行某个操作或处于某种状态时，在实际结果产生之前，会提前想象将得到怎样的结果，并且会将自己想象的结果与实际结果比较，从而得出好或不好的体验结论。例如，在微信朋友圈看到一篇特别好的文章，在阅读文章时可能会遇到文章还没有看完，但需要返回到聊天列表或者微信的其他页面的情况，当用户再想看该文章时，可能会有以下焦虑。

①忘了文章在哪里看到的，找不到文章了或者花很长时间在朋友圈找。

②找到文章后，不能快速定位到上次阅读的位置。

如果产品能解决上述焦虑，就说明系统的反馈与用户最初的心理预期相匹配，即交互设计符合用户的心理预期。微信的浮窗功能可以实现用户的这个预期，具体操作步骤如图5-77所示。

图5-77 微信的浮窗功能

（2）操作后的结果反馈

"操作反馈"是人机交互的关键场景。一个好的产品需要针对用户不同的行为操作实时给出反馈，告知用户当前状态或建议，消除不确定性带给用户的不安感和焦躁感。

①过程反馈。

过程反馈主要分为视觉反馈、听觉反馈、触觉反馈和设计规范4类，如图5-78所示。

图5-78 过程反馈

a. 视觉反馈。

列表：当用户点击某一个列表内容时，给当前列表项一个灰色的背景，让用户知道已经触发该区域。在图5-79中，"朋友圈"和"我的收藏"背景为灰色，说明当前触发了该区域。

宫格和操作图标：当用户点击宫格上的某个图标时，给图标一个灰色的背景或者将当前图标透明度降低。在图5-80中，"设置"和"飞书人事"背景为灰色，说明用户点击了相应的图标。

控件：当用户点击时，按钮变色，提示用户点击了该按钮，如图5-81所示。

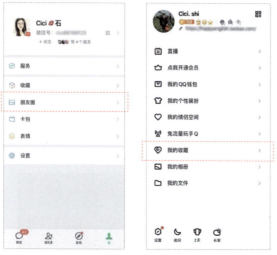

图5-79 列表响应示意图

图5-80 图标响应示意图

图5-81 按钮响应示意图

b. 听觉反馈。

当用户对界面中的某个对象进行操作后，产品通过声音对用户进行反馈，例如，当我们使用手机键盘输入时，按键会发出声音来回应用户。

c. 触觉反馈。

当用户操作界面之后，界面会通过作用力、震动等一系列变化对用户进行反馈。例如，飞书App在切换底部标签时，会有震动感。

d. 设计规范。

不同的过程反馈元素，其设计规范是不同的，在设计时要符合用户的使用习惯。常见的列表、卡片、按钮和操作图标元素设计规范在实际中可参考表5-1。

表5-1　过程反馈元素设计参考规范

元素	操作	反馈样式
列表	点击	区域背景色加深。 若默认是#ffffff，则颜色变为#F6F7F9；若默认是#F6F7F9，则颜色变为#ECEEF2
卡片	点击	区域背景色加深。 若默认是#ffffff，则颜色变为#F6F7F9；若默认是#F6F7F9，则颜色变为#ECEEF2
按钮	点击	按钮增加60%黑色遮罩，或者改变透明度
操作图标	点击、长按	透明度调整为50%

②结果反馈。

结果反馈主要分为弹窗反馈、校验反馈、当前页面反馈、动画反馈和音效反馈5类，如图5-82所示。

图5-82 结果反馈

a. 弹窗反馈。

弹窗分为模态弹窗和非模态弹窗两种。模态弹窗是一种强提示性反馈，用户必须在弹窗有操作才能进行后续的操作，例如，在图5-83中，用户必须进行"删除照片"、"取消"或"删除该聊天"操作才能进入下一步。非模态弹窗是一种轻量级反馈，一般出现2~3秒之后会自动消失，不会对用户造成干扰，如图5-84所示。

图5-83 模态弹窗

图5-84 非模态弹窗

b. 校验反馈。

校验反馈在表单中应用较多，用于让用户知道自己所填信息的实时状态，例如，输入内容是否符合要求、提示该如何填写，以及输入后的反馈等，如图5-85所示。

c. 当前页面反馈。

当前页面反馈常用于展示一个流程的终点，它更加聚焦于页面的内容，因此当反馈内容较多且重要时，通常使用当前页面反馈，即在当前页面中直接显示反馈结果，如图5-86所示。

图5-85 校验反馈

图5-86 当前页面反馈

d. 动画反馈和音效反馈。

其他的反馈方式还有动画反馈和音效反馈。Loading是移动端常见的动画反馈方式之一，它可以帮助用户感知加载状态、分散用户注意力、缓解用户等待的焦虑情绪。结合产品特点和品牌特性设计动画反馈可以塑造品牌形象。音效反馈是比较容易被设计师忽略的一种反馈形式，在移动端常作为一种辅助的反馈形式。设计音效反馈时，选择的音效应当清亮悦耳，具有辨识度的反馈音效可以塑造产品形象。

5.2.5 视觉反推

1. 为什么用视觉反推的方法绘制高保真原型

人类大多数情况下无法想象没见过的东西，且对未来事物的所有预测都是基于已经出现的科学技术或者事物的，哪怕右脑再发达，也无法脱离既有的事物和理论基础。回顾一下曾经看过的科幻电影，里面的外星人总有人类的某些特点，即便不像人类，在外星人身上也总能找到地球生物的影子，比如螃蟹、八爪鱼、蟑螂等。虽然披着科幻的外衣，但人们对外星人形象的想象和国人对龙的想象没有太大区别，都是对人们看到过的形象进行变形与组装。乔布斯说过，创新就是将各种各样的东西融合在一起（见图5-87）。而苹果乔布斯时代的产品风格正是借鉴了德国博朗公司的首席设计师迪特·拉姆斯（Dieter Rams）的作品，对比图如图5-88所示。

图5-87 苹果品牌创始人乔布斯

图5-88 产品对比

产品设计是以实用性和易用性为导向的，如果只是一味地从美学角度设计界面，得到的就可能只是华而不实的概念产品，给下一道流程的开发者带来麻烦，影响整体研发周期和成本。

2. 理解标准之外的可能性

在界面设计中，能够满足界面功能要求的设计不是唯一的。iOS或Android规范只是原始框架，在设计时可以根据产品本身需要，在保证界面功能的情况下自行设计内容布局方式、控件样式、最终效果等。

图5-89所示分别是两款产品对应的播放列表和正在播放界面的设计，它们满足相同的功能，遵守一致的规范，但最终呈现出来的视觉效果和给人的感受却不一样。两组设计都使用列表式布局，但列表宽度、列表左侧图标的大小、倒角和封面图片占比都不同。右边设计的卡片式封面突出了背景，与左边设计带来的视觉感受不同。同时，右边设计的列表界面突出了专辑封面，且可左滑切换。

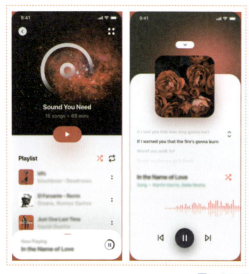

图5-89 两组设计的对比

3. 保证开发者对效果的掌控度

读者是否会有这样的疑问：既然已经知道效果是什么样了，为什么不直接出效果图，还要反推高保真原型？

随着当今UI设计工具的发展，一些通用型应用有设计模板（如电商App），在业务需求不高的情况下，是可以直接出效果图的。但对于一些需要个性化设计的产品（如社交娱乐软件），要突出企业文化，打造更为鲜明的品牌个性，就需要在设计上有创新，即便有模板可以参考，也需要修改和调整。

需要个性化设计的App对视觉效果要求极高，但绘制效果图需要时间成本，所以需要先有高保真原型图，然后设计师用高保真原型图和开发者沟通（因为开发者关心的不

图5-90　效果图与高保真原型图的对比

是视觉效果，而是功能能否实现）。在实际执行时，为减轻开发者的认知负担，除了图片和色彩之外，高保真原型图中的其他样式（投影、厚度、交互动效等）必须接近最终的效果图。将费时费力的图片和色彩设计工作优先级降低，与后期开发工作同步进行，提高了工作效率。效果图和高保真原型图的对比如图5-90所示。

5.2.6　研发评估

当高保真原型设计完成之后，开发者要对设计的效果进行研发评估。如果流程或功能有问题，则在这个环节进行修改相对容易。但如果在效果图设计完成后再修改流程或功能问题，就会带来很多麻烦，付出更多的人力、物力和时间成本，延长开发周期。这就是高保真原型设计完成后要将其预先交付后期开发人员，以及了解产品开发的实现方法和评估原则非常重要的原因。

1. 开发流程顺序

一般开发迭代一次的持续时间为3周，在第二周中间时，UE/UI需主动问负责各个模块开发或测试的人员要黑盒的安装包以进行视觉走查核验。每个公司使用的环境或开发流程顺序会有所区别，读者可以了解图5-91所示的流程，也可以向公司开发测试的同事学习，制订属于自己的设计验收规范。值得注意的是，建议UE/UI使用黑盒最后的版本进行测试核验，在这个阶段发现问题，开发人员有足够的时间调整修改。

图5-91　开发流程顺序图

2. 实现方法

（1）原生 App开发

原生App开发是利用Android、iOS官方的开发语言、开发类库、工具进行开发，App可以直接在Android系统和iOS移动设备上运行，其优势和劣势如图5-92所示。

图5-92 原生App开发的优势和劣势

（2）Web App开发

Web App开发是模板式的App开发，Web App本质上是为移动浏览器设计的基于Web的App，它们是用普通Web开发语言开发的，能够在各种智能手机浏览器上运行，其优势和劣势如图5-93所示。

图5-93 Web App开发的优势和劣势

（3）混合App开发

混合App是介于Web App、原生App这两者之间的App，兼具"原生App良好用户交互体验的优势"和"Web App跨平台开发的优势"，其优势和劣势如图5-94所示。

图5-94 混合App开发的优势和劣势

以上3种App开发方式没有绝对的好坏之分，怎么选择需要根据是否符合企业自身的需求来判断。

3. 评估方法

开发人员在进行开发工作之前需要给出工作量的评估，以便基于该评估对后续工作任务进行排期。大多数开发人员评估工作量主要是基于过往的工作经验来进行的，并给自己预留出一定的缓冲时间，但这样过度依赖个人的开发经验可能会带来一些不确定因素和意料之外的结果。

4. 优先级排序

程序开发有严谨的逻辑性，底层代码和相似模块之间有共通性。例如，设计界面时，先画出关键界面，将一些常用的控件定义为可复用的母版，这样在设计其他界面时就可以复用该母版。所以为了保证开发效率，减少冗余，开发者需要将之前的功能框架按照复用原则，再结合项目进度需求，挑选出最为紧急且重要的模块进行开发。

优先级排序可以参考图5-95所示的四象限管理图，第一象限的事务为第一优先级，重要且紧急，立刻要去做；第四象限的事务为第二优先级，重要且不紧急，有计划去做；第三象

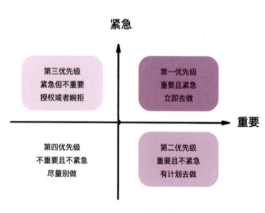

图5-95 四象限管理图

限的事务为第三优先级，紧急但不重要，可以授权或者婉拒；第二象限的事务为第四优先级，不重要且不紧急，尽量别做。

技术人员的工作安排可以参考图5-96所示的甘特图。图5-96将具体工作分为A1~A9共9个子任务，分别指定了具体的负责人，可以很清晰地看到计划执行天数和实际执行天数的对比，对比结果可以为后续的工作安排提供参考依据。

月度工作计划与实际完成进度对比（2022年5月）					
工作安排	负责人	执行	开始日期	结束如期	天数
A1	name1	计划	5.1	5.4	4
		实际	5.1	5.2	2
A2	name2	计划	5.5	5.7	3
		实际	5.3	5.6	4
A3	name3	计划	5.8	5.9	2
		实际	5.7	5.9	3
A4	name4	计划	5.10	5.14	5
		实际	5.10	5.12	3
A5	name5	计划	5.15	5.18	4
		实际	5.13	5.15	3
A6	name6	计划	5.19	5.23	5
		实际	5.16	5.19	4
A7	name7	计划	5.24	5.26	3
		实际	5.20	5.23	4
A8	name8	计划	5.27	5.29	3
		实际	5.24	5.25	2
A9	name9	计划	5.30	5.31	2
		实际	5.26	5.28	3

图5-96　甘特图

5.2.7　交付预先对接

前面已经提到了，为了应对快速的市场反应并把握商机，产品设计研发过程不再使用以前的UI设计完成后交付开发进行代码编辑的瀑布流式线性模式，而是使用将高保真分为小模块进行快速设计的精益设计模式，该模式是满足最简化可实行产品（Minimum Viable Product，MVP）的敏捷开发模式。在这个过程中需要设计师与开发者高效配合，所以在高保真原型阶段，设计师就要开始与开发者对接，进行界面编码，这就是交付预先对接环节。

在对接过程中，设计师的感性思维与开发者的理性思维难免会出现碰撞，要想更快、更有效地进行无障碍交流，设计师需要了解开发和测试人员常用的术语，以及一些与设计相关的代码知识。

1. 技术开发常用术语

（1）DEV：代码开发的环境。

（2）黑盒/SIT：把程序看作一个不能打开的黑盒，对软件界面和软件功能进行测试，检验程序是否能正确地接收输入数据并产生正确的输出信息。

（3）沙盒/UAT：通常用来对一些来源不可信、具有破坏力或无法判定程序意图的程序进行测试，是面向最终用户的测试，测试完成后通常就可以发布了。

（4）冒烟：冒烟测试，主要用于程序压力测试，例如，n条数据同时载入或者多个点击动作同时发生时，测试服务器的鲁棒性和流畅性。

2. 产品原型标注

产品原型标注一般包括业务流程逻辑说明、页面详情说明和页面控件尺寸标注。原型标注的原则是解决产品从哪里来到哪里去的问题，其中70%是对交互进行注释，标注的原则如下。

（1）前置条件，即该元件或者界面从何而来。

（2）后置条件，即该元件触发后向哪边去。

（3）标清元素、控件、功能的链接关系。

（4）对交互进行描述，即利用什么动作能达到什么效果。

（5）能用最短句表达的一定不要用长句，能用一个字表达的尽量不要用词组。

（6）不要口语化，表述要简洁明了。

5.2.8 实现工具：Axure/ Sketch/Adobe XD/MasterGo

高保真原型是一种以计算机为基础并且与产品的最终样式极其相似的交互设计展示。能用来绘制高保真原型的工具很多，Axure在后文有单独的讲解，这里只简单介绍其他几款软件，读者可根据自己的喜好选用其中一款软件。

1. Sketch

Sketch是一款由Bohemian Coding团队一手打造的矢量绘图应用软件，它也可以用于制作精致的交互原型，虽

图5-97 Sketch的主要功能

然相对于其他原型设计工具来讲有不足，但也有亮点，软件的主要功能如图5-97所示。

2. Adobe XD

Adobe XD是一站式UX/UI设计平台，在这款产品中，用户可以进行移动应用和网页设计、原型制作。设计师使用Adobe XD可以高效准确地完成静态编译或者框架图到交互原型的转换。Adobe XD的主要功能如图5-98所示。

图5-98 Adobe XD的主要功能

3. MasterGo

MasterGo是由蓝湖公司打造的面向团队协作的一站式在线绘图工具，以"实时协作功能"为亮点，提供在线产品设计、原型制作设计、产品交互设计等功能，为产品设计师、交互设计师、工程师和产品经理提供更简单灵活的工作模式。MasterGo的主要功能如图5-99所示。

图5-99 MasterGo的主要功能

5.2.9 原创案例——"初文"读书App高保真原型

"初文"读书App部分高保真原型样例如图5-100所示。

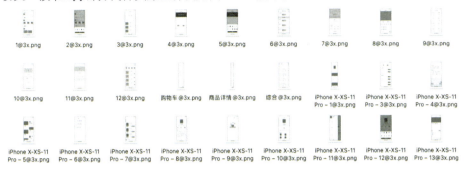

图5-100 "初文"读书App部分高保真原型样例

"初文"读书App部分高保真原型标注样例如图5-101～图5-103所示。

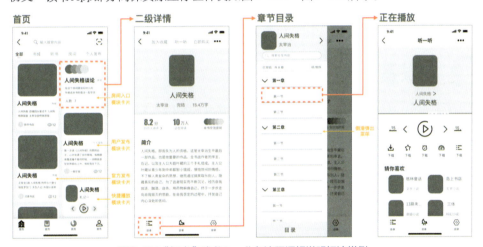

图5-101 "初文"读书App业务流程逻辑说明标注样例

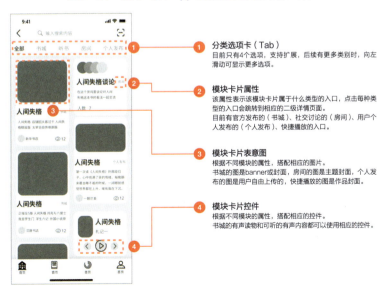

图5-102 "初文"读书App页面详细说明标注样例

图5-103 "初文"读书App页面控件标注样例

5.3 开发者协作

美国管理学家、现代管理理论之父巴纳德在一个关于组织的定义中强调了协作的重要性，他指出："组织是两个或两个以上的人，用人类意识加以协调而成的活动或力量系统。"所以说，组织是一个围绕既定目标工作的协作系统。

5.3.1 如何实现协作

随着互联网科技和数字经济的高速发展，相关数据显示，近年来我国的协同市场一直在增长，为解决团队中的协作效率、项目管理等问题，出现了数以万计的协同产品。随着团队角色和分工进一步细化，产研协作流程的逐渐规范，出现了蓝湖等产研协同平台化工具，图5-104列举了目前市面上部分产品研发协作软件。

图5-104 产品研发协作软件

蓝湖协作模式目前集中在设计协作环节提效，未来会以设计协作为原点逐渐向产品/设计创作、实时协作及研发生产的全流程辐射，形成一站式产研协同平台。设计师上传设计稿至蓝湖网页工具，无论设计稿是使用什么设计软件做的，开发者打开都可看到页面所有的规格尺寸、切图、代码样式，大大减轻了设计师繁重的切图标注工作。

5.3.2 开发者视角逻辑

1. 开发者眼中的设计稿

开发者眼中的设计稿跟设计师眼中的设计稿差异往往比较大，学会以开发者的视角和分析方法来进行设计非常重要。开发者通常以视图为单位排布各个元素，事先规定好样式与属性，在需要的地方复用。

　　例如，喜马拉雅App的推荐页面，在设计者的眼中可以分为3个视图，分别为视图1的广告Banner、视图2的故事列表、视图3的标签栏，同时这3个视图又分别包含了隶属于自己的子视图，每个视图都有边界（见图5-105），这对实际开发帮助很大。

图5-105　喜马拉雅App的推荐页面

　　从开发的角度来看，只有数字才是描述UI最有效的语言，而有规律的数字能保证设计的一致性，例如，图标圆角多少像素、描边多少像素等。

　　同时，输出色板也是非常重要的，可以专门新建一个画板保存设计中使用到的颜色，这样开发者就可以直接将色板上的十六进制代码复制到他们规定颜色的编程文档中，如图5-106所示（图片来自人人都是产品经理网站）。

图5-106　色板及应用

2. 开发者要为设计师考虑

　　程序不可能总是在理想的状态中工作，难免会遇到故障、出现错误。当出现断网、弱网或者暂时没有内容可以展示的情况时，程序的页面该怎么给用户传达正确的信息呢？这需要开发者告知设计师，设计师再设计这些异常情况的页面。

5.3.3 开发工具及常用的编程语言

1. HTML5 开发工具

对于设计师来说，了解开发工具对设计非常有帮助，可以合理优化界面，还可以使设计更加完整，提高与开发者沟通的效率。图5-107所示的HTML5开发工具如果读者感兴趣，可以通过网站或书籍资料进一步了解，这里只简单罗列。

图5-107 HTML5 开发工具

2. 常用的编程语言

所有的功能都要在开发平台通过编程语言编写程序才能实现，常见的编程语言如下。

（1）Java作为跨平台的语言，可以运行在Windows和UNIX/Linux中，长期作为用户的首选，市场使用率超过20%。

（2）C和C++作为传统的语言，一直在效率第一的领域发挥着极大的影响力。

（3）VB是网站编程方面的首选，支持PHP的主机，PHP+Linux+MySQL+Apache的组合简单有效。

（4）Perl作为脚本语言的先驱，是许多基于网站的编程语言（如PHP、Java、C#）的基础。

（5）Python是一种面向对象的解释型计算机程序设计语言，具有脚本语言中最丰富和强大的类库，足以支持绝大多数日常应用。

（6）C#是微软公司发布的一种面向对象的、运行于NET Framework之上的高级程序设计语言。

5.4 习题

 思考题

1. 为什么要设计低保真原型？
2. 阐述低保真原型的基本特征和主要内容。
3. 如何在设计中做到产品的功能完整？
4. 如何检验移动产品的功能是否完整？
5. 在进行交互设计时如何确保交互逻辑合理？
6. 常见的9个交互机制是什么？
7. 试列举一种常见的交互布局方式，简要说明其优缺点。
8. 高保真原型设计遵循的界面和控件规范是什么？
9. 界面功能信息权重如何划分？举例说明。

10. 为什么用视觉反推的方法绘制高保真原型？
11. 研发评估的价值和意义是什么？
12. 如何理解开发者协作的重要性？

 **实践题**　▶ ▶ ▶

1. 根据图5-108所示的视觉效果进行视觉反推训练，画出高保真原型。

图5-108 视觉效果

2. 根据前期的分组情况，依托小组选题，分别绘制出相应的低保真原型和高保真原型，要求功能完整、交互逻辑合理、界面和控件设计符合规范，绘制软件不限。

第6章

Axure RP 9.0 应用基础

产品原型是用于表达产品功能和内容的示意图，其目的是将想法、功能、内容形象地表达出来，便于提高沟通效率。产品原型需要借助专业的设计工具来实现，Axure RP 9.0是其中的一种设计工具。使用Axure RP 9.0的目的是快速制作产品原型，并在目标设备上像使用真实产品一样测试带有交互效果的线框图。Axure RP 9.0可以使静态的线框图变为动态，这有助于决策层更直观地了解产品，降低出错风险。

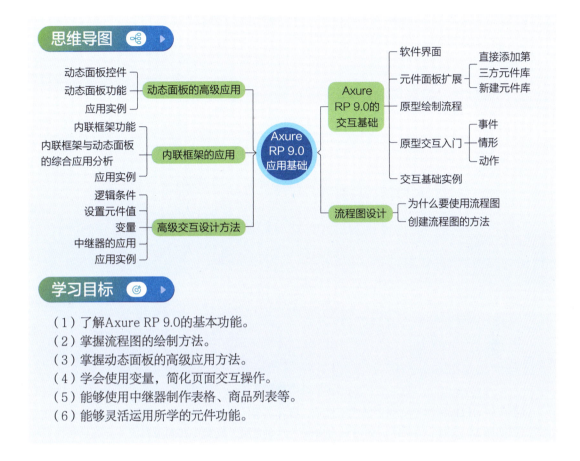

学习目标

（1）了解Axure RP 9.0的基本功能。
（2）掌握流程图的绘制方法。
（3）掌握动态面板的高级应用方法。
（4）学会使用变量，简化页面交互操作。
（5）能够使用中继器制作表格、商品列表等。
（6）能够灵活运用所学的元件功能。

6.1 Axure RP 9.0的交互基础

　　Axure RP是美国Axure Software Solution公司的旗舰产品，是一款专业的快速原型设计工具。它能够进行线框图、流程图的绘制，能够快速、高效地创建产品的功能、内容、页面布局、交互逻辑等，同时支持多人协作设计和版本控制管理。

　　Axure RP的受众包括产品经理、用户体验设计师、交互设计师、界面设计师、商业分析师、信息架构师、可用性专家、IT咨询师、程序开发工程师等。

6.1.1 软件界面

　　了解软件界面的功能区划分，可为掌握产品原型制作打下扎实的基础，软件界面如图6-1所示。
　　①菜单栏：软件中的具体功能。
　　②快捷工具栏：常用的操作功能。
　　③页面+概要面板：页面面板类似大纲界面，方便厘清原型框架及页面逻辑关系；概要面板可以显示页面中的所有元件。
　　④元件+母版面板：在元件面板中可以调用所需的元件，在母版面板中可以制作常用的母版界面。
　　⑤交互+样式+说明面板：用于制作交互效果、编辑元件样式和对页面进行注释说明。
　　⑥页面制作区：绘制原型的区域，可理解为画画用的画布。

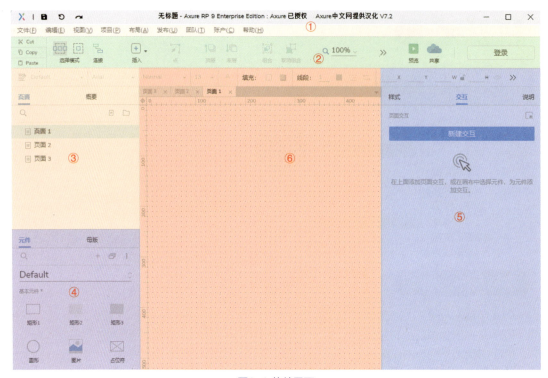

图6-1 软件界面

以上面板可以根据需要选择显示或不显示，操作路径：视图→功能区，勾选或取消勾选需要显示或隐藏的面板，如图6-2所示。还可以自由改变界面布局，只需要在面板对应的标题处按住鼠标左键拖动鼠标即可改变面板的位置。

图6-2 显示或隐藏面板

6.1.2 元件面板扩展

原型页面由各种元件组成，所以在Axure RP 9.0中，我们会经常使用各种各样的元件，如矩形元件、图片元件、按钮元件、文本框元件等。多个元件可以组成一个元件库。Axure RP 9.0在安装时，元件面板内置了4个元件库供用户使用（见图6-3），分别是Default（默认元件库）、Flow（流程元件库）、Icons（图标元件库）、Sample UI Patterns（ 示范UI元件库）。如果上述4个元件库不能满足用户的需求，则还可以对元件库进行扩展，主要有以下两种方法。

1. 直接添加第三方元件库

操作路径：元件面板→添加元件库（＋），如图6-3所示，然后在文件资源管理器中找到要添加的第三方元件库进行添加。

注意：只有添加了第三方元件库，才可以在选项中对其进行编辑元件库、打开源目录、移除元件库等操作，如图6-4所示。

2. 新建元件库

如果以上元件均不能满足用户的需求，则用户还可以通过新建元件库自己绘制元件。操作路径：文件→新建元件库，如图6-5所示。新建后即可绘制元件，绘制完成后保存（快捷键为Ctrl+S），Axure RP 9.0则会保存一个文件扩展名为.rplib的文件。将该文件存储到Axure RP 9.0安装目录\DefaultSettings\Libraries下，这样每次打开Axure RP 9.0时，都会自动加载该元件库文件。

图6-3 添加元件库　　　　　图6-4 编辑元件库

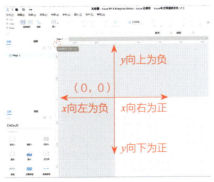

图6-5 新建元件库

在学习高保真原型绘制流程之前，有必要了解Axure RP 9.0页面制作区的坐标系统，如图6-6所示，它和我们所了解的坐标系统有一定的区别。

图6-6 软件坐标规范

从图6-6中可以看出，页面制作区以（0，0）为中心点，y轴方向向下为"+"，向上为"-"；x轴方向向右为"+"，向左为"-"。使用坐标定位元件的好处是可以准确定位元件。在页面制作区内，元件坐标（x，y）应为正，超出页面制作区就为负。例如，元件A的坐标为（100，-100），该元件在y轴方向上超出了页面制作区。如果在设计时，页面制作区处于负坐标位置，则可以点击编辑区域左上角的"返回原点"图标快速返回到（0，0）坐标位置，也可以按快捷键Ctrl+9快速返回。

6.1.3　原型绘制流程

要想快速制作出一个可交互的高保真原型，首先需要了解原型制作流程，如图6-7所示。

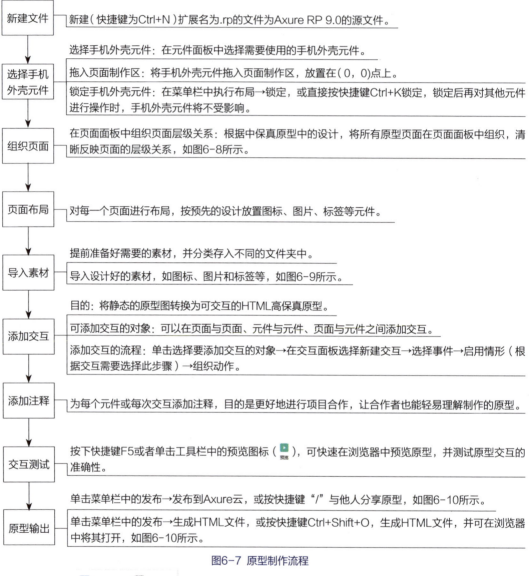

| 新建文件 | 新建（快捷键为Ctrl+N）扩展名为.rp的文件为Axure RP 9.0的源文件。 |

选择手机外壳元件：在元件面板中选择需要使用的手机外壳元件。

拖入页面制作区：将手机外壳元件拖入页面制作区，放置在（0，0)点上。

锁定手机外壳元件：在菜单栏中执行布局→锁定，或直接按快捷键Ctrl+K锁定，锁定后再对其他元件进行操作时，手机外壳元件将不受影响。

组织页面：在页面面板中组织页面层级关系：根据中保真原型中的设计，将所有原型页面在页面面板中组织，清晰反映页面的层级关系，如图6-8所示。

页面布局：对每一个页面进行布局，按预先的设计放置图标、图片、标签等元件。

导入素材：提前准备好需要的素材，并分类存入不同的文件夹中。

导入设计好的素材，如图标、图片和标签等，如图6-9所示。

添加交互：目的：将静态的原型图转换为可交互的HTML高保真原型。

可添加交互的对象：可以在页面与页面、元件与元件、页面与元件之间添加交互。

添加交互的流程：单击选择要添加交互的对象→在交互面板选择新建交互→选择事件→启用情形（根据交互需要选择此步骤）→组织动作。

添加注释：为每个元件或每次交互添加注释，目的是更好地进行项目合作，让合作者也能轻易理解制作的原型。

交互测试：按下快捷键F5或者单击工具栏中的预览图标（　），可快速在浏览器中预览原型，并测试原型交互的准确性。

原型输出：单击菜单栏中的发布→发布到Axure云，或按快捷键"/"与他人分享原型，如图6-10所示。

单击菜单栏中的发布→生成HTML文件，或按快捷键Ctrl+Shift+O，生成HTML文件，并可在浏览器中将其打开，如图6-10所示。

图6-7　原型制作流程

图6-8　页面层级　　　　　　　图6-9　导入素材

图6-10 原型输出

6.1.4　原型交互入门

在Axure RP 9.0中，交互定义了一个元件或者页面的动态行为。创建的交互包含3个模块：事件（Events）、情形（Cases）和动作（Actions）。创建的交互是由事件触发的，情形组成了一个个事件，事件是用来执行动作的。

3个模块的关系总结如图6-11所示。

一个产品的交互包含多个事件。

一个事件包含一个或多个情形。

一个情形包含一个或多个动作。

图6-11 模块关系

1. 事件

我们可以把事件理解为"何时"。从交互的角度来看，"何时"可以理解为鼠标事件（当鼠标有动作时）、文本事件（当文字改变时）和页面事件（当页面加载时）。

在给对象添加交互时会启用事件。一般可以给两类对象添加交互，一类为我们设计的产品页面（线框图），页面的交互行为是可以自动触发的，例如，页面启动加载时；另一类为页面内部的所有元件，元件的交互行为一般是由用户直接触发产生的，并非自动触发，例如，用户点击或滑过某个按钮或改变某个文字时，具体如图6-12所示。

给对象添加交互的方式 ── 给页面添加交互的方式：在交互面板中单击"新建交互"按钮→选择触发事件，如图6-13所示。

给元件添加交互的方式：选择元件→在交互面板中单击"新建交互"按钮→选择触发事件，或选择常用交互方式，如图6-14所示。

图6-12 给对象添加交互的方式

图6-13 给页面添加交互的方式

图6-14 给元件添加交互的方式

（1）页面交互中的页面事件

页面单击时：单击页面背景时。

页面双击时：双击页面背景时。

页面鼠标右击时：鼠标右键单击页面背景时。

页面鼠标移动时：当鼠标指针在页面上移动时连续触发。

页面按键按下时：按下键盘中的键时。

页面按键松开时：释放键盘中的键时。

窗口尺寸改变时：调整浏览器窗口大小时。

页面载入时：Web浏览器加载页面时。

视图改变时：当前自适应视图由于浏览器窗口大小调整而改变，或者通过自适应视图操作或原型播放器中的自适应视图下拉列表来设置视图时。

窗口向上滚动时：当浏览器窗口向上滚动时。

窗口向下滚动时：当浏览器窗口向下滚动时。

窗口滚动时：当浏览器窗口向任意方向滚动时。

（2）元件交互中的元件事件

①动态面板元件。

鼠标单击时：当鼠标在动态面板上单击时。

动态面板状态改变时：当动态面板的状态发生改变时。

开始拖动动态面板时：当动态面板开始被拖动时。

拖动动态面板时：当动态面板被拖动时。

结束拖动动态面板时：当动态面板被拖动动作结束时。

向左滑动时：当向左侧滑动动态面板时。

向右滑动时：当向右侧滑动动态面板时。

载入时：当动态面板随着一个页面的加载被载入时。

更多事件：更多的交互方式，读者可以举一反三。

②文本类元件。

文字改变时：当单行文本框或多行文本框中的文字被添加、改变或删除时。

获取焦点时：当鼠标在单行文本框或多行文本框处单击时。

失去焦点时：当鼠标离开时（可理解为在文本以外的区域单击）。

③形状图片类元件。

鼠标单击时：当鼠标单击元件时。

鼠标移入时：当鼠标指针移入元件时。

鼠标移出时：当鼠标指针移出元件时。

更多事件：更多的元件事件，读者可以举一反三。

以上多种类型的事件，需要我们根据实际情况来添加，从而达到交互设计的目的。

2. 情形

从图6-11所示的模块关系中，读者大体能了解情形是对动作设置条件，这个条件可以没有，也可以为多个，根据不同的交互需求来确定。可以理解为事件与情形的关系为一对一或一对多。

综上分析，情形通常用于以下两种情况（见图6-15）。

（1）每个交互事件中包含一个情形，只需为当前情形添加条件，可以添加一个条件或多个条件，并执行匹配所有或匹配任何操作，最后添加动作。

（2）每个交互事件中包含多个情形（情形1、情形2等），需要用逻辑条件判断要执行的具体交互，逻辑条件判断为If语句的嵌套（If……Else If……将在6.5.1小节中详细讲解），同样需要为每个情形添加条件，可以添加一个条件或多个条件，并执行匹配所有或匹配任何操作，最后添加动作。

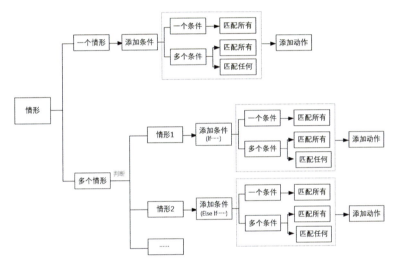

图6-15 情形的使用

为情形添加动作的具体操作路径如图6-16所示，有多个情形时只需要再次单击"启用情形"按钮，其余步骤同只有一个情形时的操作路径相同。

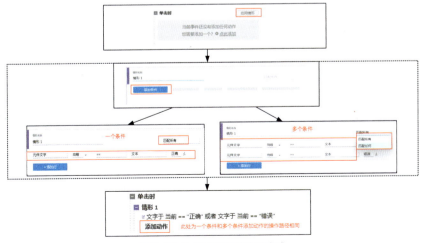

图6-16 为情形添加动作的方式

3. 动作

动作是对事件的响应。Axure RP 9.0中有4类动作，如表6-1所示，其中元件不同，相应动作也会不同。

表6-1　动作的分类

链接动作	元件动作	中继器动作	其他动作
打开链接 关闭窗口 在框架中打开链接 滚动到元件	显示/隐藏 设置面板状态 设置文本 设置图片 设置选中 设置列表选中项 启用/禁用 移动 旋转 设置尺寸 置于顶层/底层 设置不透明 获取焦点 展开/收起树节点	添加排序 删除排序 添加筛选 删除筛选 设置当前显示页面 设置每页项目数量 添加行 标记行 取消标记 更新行 删除行	设置自适应视图 设置变量值 等待 其他 触发事件

动作的添加和配置分3步完成，分别是"添加动作""组织动作""设置动作"，具体操作路径如图6-17所示。

①添加动作：单击"添加动作"按钮，出现链接动作、元件动作、中继器动作和其他动作供选择。

②组织动作：添加和设置的动作会在组织动作中呈现，可以调整动作执行的顺序；单击鼠标右键，可实现动作的上下移动、删除、复制、粘贴、剪切等；或选中动作，直接拖曳即可上移或下移动作。

③ 设置动作：对动作进行详细设置简单来说是设置对象怎么执行选定的动作。

步骤①～③完成后，单击"确定"按钮，即可完成动作的添加和配置。

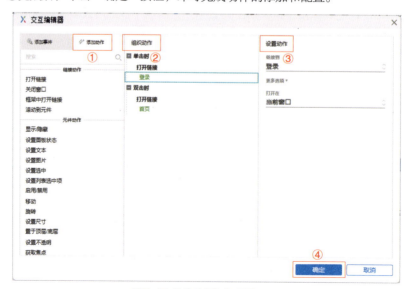

图6-17 动作的添加与配置

6.1.5　交互基础实例

实例名称：用户手机号登录。

实例介绍：制作一个手机号和密码登录的界面，此案例仅以任意手机号登录为例，密码不做具体设置，主要展现登录界面的简化版操作流程，不作为登录界面设计的唯一参考，读者可在此基础上举一反三。

制作关键点如图6-18所示。

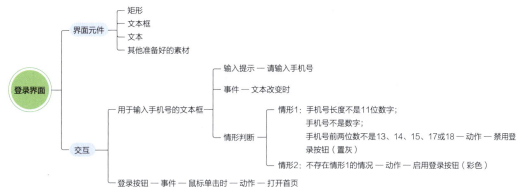

图6-18　用户手机号登录制作关键点

操作路径如下。

Step1：用户登录界面设计。

在元件库中找到手机壳，将手机壳拖入页面制作区并锁定，如图6-19所示。

图6-19　手机壳制作

Step2：界面元件的布局。

界面元件的布局会用到矩形元件、文本框元件、文本元件或者其他准备好的素材。这里重点介绍输入手机号文本框、密码文本框及"登录"按钮的制作，界面中的其他元素可以用准备好的其他素材。

输入手机号文本框的制作：在元件库中找到矩形元件，将其拖入手机壳中，根据界面设计情况将矩形放在合适的位置，选中矩形→在矩形左上角黄色倒三角形状处按住鼠标左键拖曳鼠标，调节矩形倒角弧度（见图6-20）→调整填充色、边框线粗细及颜色→将矩形命名为"手机号文本框"（命名是为了方便后续查找，可根据实际情况自拟名称）。在元件库中找到文本框元件，将其放在矩形元件内并居中对齐，选中文本框元件（在样式面板中调整相应属性）→调整文本框元件边框线粗细

→将文本框元件命名为"手机号"，如图6-21所示。

图6-20　输入手机号文本框的制作　　　　图6-21　调整文本框元件并命名

输入密码文本框的制作：将制作好的输入手机号文本框元件复制到合适位置，并修改元件名称即可完成输入密码文本框的制作。

"登录"按钮的制作：在元件库中找到矩形元件，将矩形元件拖入手机壳中并调整到合适位置，在右侧样式面板中调整其颜色、边框线等基本属性，双击该矩形元件输入文本"登录"，效果如图6-22所示。

其他元素的制作：根据前期设计情况，将准备好的素材拖入手机壳中，调整位置，并制作完成界面中的其他元素，最终效果如图6-23所示。

图6-22　"登录"按钮　　　　　　图6-23　其他元素

Step3：界面交互设计。

（1）"手机号"文本框的交互

基础设置：选中名为"手机号"的文本框，在交互面板中修改相关设置，类型选择"电话"，提示文本为"请输入手机号"，输入时隐藏提示，最大长度为11，如图6-24所示。

事件：选中名为"手机号"的文本框，在交互面板中单击"新建交互"按钮，情形选择"文本改变时"，即当"请输入手机号"的文本发生改变时，如图6-25所示。

图6-24 输入提示　　　　　　　　　　　图6-25 事件设置

由于用户在输入过程中可能会出错，所以需要单击"启用情形"按钮对情形进行判断。情形1：输入有误的情形，通过添加条件列举可能出现的错误，条件1为手机号长度不是11位数字，即元件文字长度当前的值≠11；条件2为手机号不是数字，即元件文字当前不是数字；条件3为手机号前两位数不是13、14、15、17、18，即[[This.text.substr（0，2）]]不是13、14、15、17、18中的一个，如果任何一条匹配，则"登录"按钮置灰，即无法单击。情形2：如情形1不存在，则"登录"按钮为彩色，即可以单击。具体操作如图6-26所示。

图6-26 情形判断与交互设置

　　动作：如果判断符合情形1的任何一个条件，则禁用"登录"按钮，按钮处于置灰状态（详见登录交互设置）；否则情形2为真，启用"登录"按钮，按钮为彩色，可以单击（详见登录交互设置）。

　　（2）"输入密码"文本框的交互

　　基础设置：选中名为"输入密码"的文本框，在交互面板中修改相关设置，类型选择"密码"，提示文本为"请输入密码"，输入时隐藏提示，最大长度为16，如图6-27所示，由于密码由每个用户自己设置，所以这里不做过多限制，仅限制长度。

　　（3）"登录"按钮的交互

　　"登录"按钮有两种情形，出现情形1，禁用"登录"按钮，按钮呈灰色；出现情形2，启用"登录"按钮，按钮呈彩色。因此需要设置"登录"按钮的样式。

图6-27　设置"输入密码"文本框

　　基础设置：选中"登录"按钮，在样式面板中将颜色填充为蓝色，即按钮启用时为蓝色。在交互面板中单击"元件禁用的样式"，将填充颜色设为灰色，即按钮禁用时为灰色，如图6-28所示。

　　事件：选中"登录"按钮，在交互面板中单击"新建交互"按钮，选择"单击时"，如图6-29所示。

　　动作：设为页面跳转到首页。

　　所有设置完成后，按快捷键F5，可以预览此实例。

图6-28　设置"登录"按钮

图6-29　登录交互设置

6.2　流程图设计

　　在Axure RP 9.0中，流程图其实也是页面。页面有两种类型：流程图页面和线框图页面（线框图页面为正常的产品设计页面）。流程图是由一些图框和流程线组成的，其中图框表示各种操作的类型，图框中的文字和符号表示操作的内容，流程线表示操作的先后次序。

6.2.1　为什么要使用流程图

　　千言万语不及一张图，图能更好地表现设计的过程和方法。使用流程图的原因概括如下。

　　（1）可以清晰地表达不同页面间的交互和层级关系。

　　（2）可以清晰地表达多个情形的逻辑关系。

（3）可以清晰地表达对任何事件过程和步骤的描述。

（4）是与客户或合作者沟通交流的渠道。

6.2.2 创建流程图的方法

1. 流程图元件

为了便于理解，流程图中用不同形状的元件代表不同的含义，如表6-2所示。

表6-2　流程图元件含义

元件	含义
圆角矩形	"开始"与"结束"
矩形	行动方案或动作
菱形	逻辑判断
平行四边形	输入与输出
箭头	逻辑执行工作流方向

我们可以将元件库中要用到的元件直接拖入页面制作区域。流程图元件的每一条边或顶点上都有一个连接点，用来匹配连接线，连接元件。流程图示意如图6-30所示。

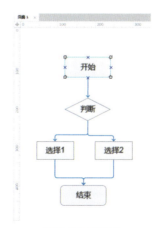

图6-30 流程图

连接线模式：要连接流程图中不同形状的元件，就要将选择模式改为连接线模式，并在工具栏中单击"连接"图标或者按快捷键E，如图6-31所示。

连接元件：选择连接线模式，将鼠标指针指向元件上的一个连接点，并按住鼠标左键拖曳鼠标，当连接到另一元件的连接点后，松开鼠标左键即可完成连接。

修改连接线属性：如需改变连接线的线宽、颜色、箭头形状等，在工具栏中找到相关属性即可修改，如图6-31所示。例如，修改箭头的形状，选中连接线，在工具栏中选择箭头形状即可。

给连接线添加文字：在绘制流程图时，如需要给连接线添加提示文字，则将一个标签元件拖到连接线会导致连接线变形，正确的方法是双击连接线后再输入文字，如图6-31所示。

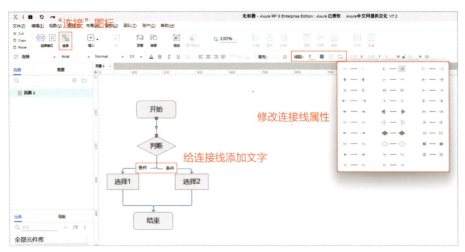

图6-31 连接线的使用

2.引用页面

引用页面功能可以将一个页面引到矩形元件或者文本元件上。

（1）引用页面的效果

①元件文本会跟随引用页面名称的变化而变化，且文本不可编辑。

②预览时，点击元件，会跳转到引用页面（注意：如果组件本身设置了"点击"事件，则引用页面的跳转效果会自动失效）。

③取消引用页面后，元件恢复正常，可编辑文本。

（2）引用页面的操作路径

①选中启动页元件→单击鼠标右键，选择"引用页面"→选择"启动页"，如图6-32所示的①。

②选中启动页元件→在右侧交互面板中单击"引用页面"按钮（默认是隐藏的，需要单击"显示全部"按钮）。在引用页面弹窗中单击页面进行引用关联，如图6-32所示的②。

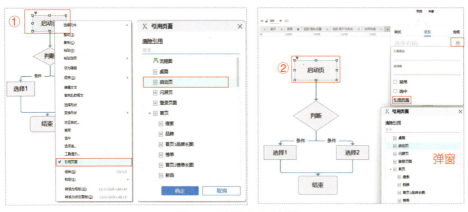

图6-32 连引用页面的操作

3.生成流程图

要生成基于页面层级关系的流程图，具体操作路径如下。

（1）在页面面板中单击想要生成流程图的主页面，如图6-33中的首页（注意：需要有子页面才能生成流程图，如页面下无子页面，则无法生成流程图）。

（2）单击鼠标右键，选择快捷菜单中的"生成流程图"选项，弹出"生成流程图"对话框。

（3）在"生成流程图"对话框中选择图表类型为"向下"或"向右"，单击"确定"按钮。

图6-33　生成流程图的操作

6.3 动态面板的高级应用

本节主要介绍在设计高保真原型时需要用到的动态面板中的交互功能，动态面板可以实现多状态的切换。通过动态面板，Axure RP 9.0可以用简单的操作实现复杂的交互效果。所以此节内容需重点掌握并灵活运用，做到举一反三。对动态面板不熟悉会影响高保真原型的制作效率和质量。

6.3.1 动态面板控件

1. 动态面板介绍

动态面板是一个容器，可以将其他元件放入动态面板中。动态面板可以有一个或多个状态，每个状态都是一个独立的空间，可以分别放置不同的元件集合，并且只能看到其中一个状态。如需动态面板显示某个状态，则可以设置面板状态动作进行动态设置。动态面板非常适合用来创建需要在两个或多个状态间切换显示的交互效果，如跑马灯和幻灯片。

简单理解，动态面板就是通过事件控制让面板展示不同的内容。

动态面板元件在元件面板的Default中，图标为 。

2. 使用动态面板的优势

（1）可以对同一页面下多个动态显示的内容进行管理。

（2）可以减少设计的页面数。

（3）可以优化产品的设计。

（4）可以更灵活进行交互设计。

3. 创建动态面板

动态面板的创建方法有如下两种。

（1）从元件库中拖动

要创建默认的空动态面板，可以在元件面板中选中Default，将一个空的动态面板元件拖到页面制作区，此时页面制作区的空动态面板会出现一个空的状态，可双击动态面板元件添加多个状态，也可以向该动态面板中添加新的元件。从元件库拖动的动态面板元件，其尺寸在默认情况下是固定的，可在元件样式面板中调整动态面板元件的大小。如果想让动态面板元件根据所含元件数量自动调整大小，则可在元件样式面板中勾选"自动适应内容尺寸"。

（2）从已有元件创建

可以针对页面制作区中已有的元件快速创建一个新的动态面板。在页面制作区中选中一个或多个元件，单击鼠标右键，在快捷菜单中选择"转换为动态面板"选项。此操作将创建一个勾选了自动适应内容尺寸的动态面板，选定的元件将自动迁移到动态面板的默认状态中。

4．管理动态面板
（1）在页面制作区中管理动态面板

双击页面制作区中的动态面板，进入状态编辑模式，编辑模式下的页面制作区周围会出现青色边框和工具栏指示。页面制作区顶部显示当前动态面板状态的名称，单击下拉按钮可以打开状态管理器菜单，如图6-34所示。

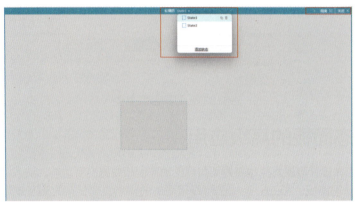

图6-34 动态面板的管理

在编辑模式下，可以在动态面板中添加、重复和删除状态，可编辑状态中的元件。还可以单击画布右上角的"隔离"按钮来切换动态面板以外的元件的可见性。

要编辑动态面板状态本身，需单击页面制作区顶部的当前状态名称。在出现的下拉列表中可以执行以下动作。

① 单击状态名称，将页面制作区中的内容切换到对应状态下。

② 单击状态名称，右侧的重复状态图标可增加一个内容完全相同的状态。

③ 单击状态名称右侧的删除状态图标可将状态删除。

④ 单击下拉列表底部的"添加状态"按钮可添加一个新状态。

⑤ 上下拖动状态名称可将状态重新排序（默认最顶端的状态可见）。

（2）在概要面板中管理动态面板

在概要面板中选择一个动态面板状态或其中包含的一个元件，以进入状态编辑模式。要快速将现有元件移入或移出动态面板状态，可以在概要面板中拖动它们。

给动态面板添加新状态，需将鼠标指针悬停在其名称上，然后单击右侧的添加状态图标。同样，可以将鼠标指针移到状态名称上，并单击右侧的重复状态图标来复用状态。选择一个状态，单击鼠标右键，可以实现删除状态、添加状态、重复状态、向上移动状态、向下移动状态等功能，如图6-35所示。也可以上下拖动状态来重新排序动态面板的状态。最上面的状态是默认情况下可见的状态。

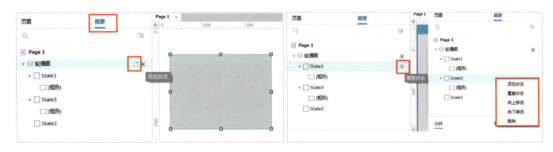

图6-35 在概要面板中管理动态面板

6.3.2　动态面板功能

动态面板是Axure RP 9.0的重点，可实现显示/隐藏效果、拖动效果、多状态切换效果等。这些效果都在元件交互面板中，只有选择动态面板后才会完整地显示动态面板的交互事件，事件列表如图6-36所示。

一般动态面板的交互大部分都是通过按钮来触发的，还有部分是通过对动态面板的操作来实现的，如动态面板中的交互事件。可通过以下案例来理解动态面板的交互，具体的操作会在6.3.3应用案例详细讲解。

例1：显示/隐藏效果。

情景：动态面板的初始状态为隐藏，当载入页面时显示动态面板。

图6-36　动态面板的交互事件

操作路径：载入时→显示/隐藏→选择要设置动作的目标（用来选择要显示的动态面板）→设置动态面板显示时的动画和时长，如图6-37所示。

图6-37　设置动态面板的显示/隐藏

例2：拖动效果。

开始拖动时、拖动时和结束拖动时这3个事件允许我们在拖动的每个阶段都添加动态面板的交互。

开始拖动动态面板时：发生在动态面板被拖动的动作刚刚触发时。

拖动动态面板时：发生在动态面板被拖动的过程中。

结束拖动动态面板时：发生在动态面板被拖动的动作结束时。

情景A：手机的滑动解锁。

情景B：手机页面的纵向浏览。

情景C：手机页面的横向换页。

以情景C为例制作App启动时的横向换页效果。

操作路径：选中动态面板→拖动时→添加情形1，即如果当前面板状态是State1，则设置面板状态到State2，并设置进入动画→添加情形2，即如果当前面板状态是State2，则设置面板状态到State3，并设置进入动画→添加情形3，即如果当前面板状态是State3，则设置面板状态到State1，并设置进入动画。 具体设置如图6-38所示。

图6-38 App启动时的横向换页效果的设置

　　例3：多状态切换效果。
　　动态面板的不同状态能实现图片轮播效果、图形转动效果、文本切换效果等。多状态切换效果也是动态面板中用得最多并且最灵活的。
　　情景A：Tab页签。
　　情景B：菜单。
　　Tab页签多状态切换交互效果将在6.3.3小节详细讲解。

6.3.3　应用实例

　　实例1名称：Tab页签效果。
　　实例1介绍：Tab页签的实现需要用到矩形元件和动态面板元件；具体效果为Tab有3个页签，当选中某个页签时，页签颜色发生变化，同时页签下的内容切换到对应的某个状态。
　　Tab页签的制作关键点如图6-39所示。

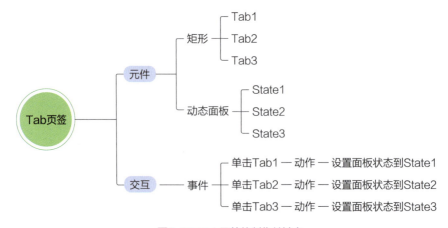

图6-39 Tab页签的制作关键点

1. 元件制作

Step1：从元件面板中将矩形元件拖入页面制作区，双击该矩形元件，输入"Tab1"，在样式面板中调整填充颜色和线宽；将该矩形复制两份，等距排列，分别修改文字为"Tab2""Tab3"，并修改颜色，如图6-40所示。

Step2：从元件面板中将动态面板元件拖入页面制作区，并将其调整到合适大小，使其与Tab1对齐；双击动态面板元件，在State1中拖入矩形元件，调整矩形元件的颜色与大小（大小与动态面板元件大小一致）；单击State1状态名称，单击重复状态图标，复制出State2和State3，分别修改State2和State3中矩形元件的颜色，如图6-41所示。

图6-40 Tab页签制作

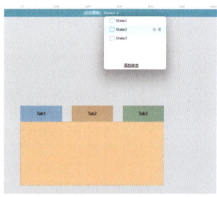

图6-41 动态面板制作

2. 交互设计

Step1：选中Tab1矩形，在交互面板中单击"新建交互"按钮→单击时→设置面板状态到State1，动画可根据需要选择，如图6-42所示；选中Tab2矩形，在交互面板中单击"新建交互"按钮→单击时→设置面板状态到State2；选中Tab3矩形，在交互面板中单击"新建交互"按钮→单击时→设置面板状态到State3。

图6-42 Tab页签交互设置

实例2名称：图片轮播。

实例2介绍：图片加载时自动以3000 ms的速率循环播放。

图片轮播的制作关键点如图6-43所示。

1. 元件制作

Step1：选择元件面板中的动态面板元件，将其拖入页面制作区，将其调整至合适大小；在交互面板中将此动态面板元件命名为"banner"，双击动态面板元件，创建3种状态，分别为State1、State2、State3；将准备好的图片1、图片2和图片3分别放入State1、State2、State3中。

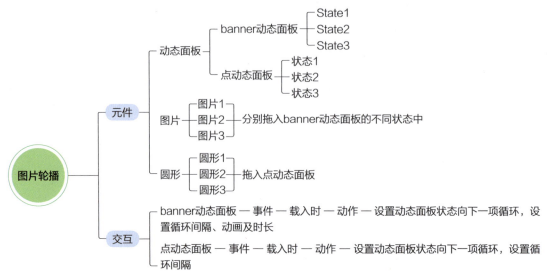

图6-43 图片轮播的制作关键点

　　Step2：选择元件面板中的动态面板元件，将其拖入页面制作区，将其调整至合适大小；在交互面板中将此动态面板元件命名为"点"，双击动态面板元件，创建3种状态，分别为状态1、状态2、状态3；在状态1中放入3个相同大小的圆形，并等距排列，分别填充颜色"⬤ ⬤ ⬤"；复制状态1中的圆形到状态2中，分别修改颜色为"⬤ ⬤ ⬤"；复制状态2中的圆形到状态3中，分别修改颜色为"⬤ ⬤ ⬤"，如图6-44所示。

图6-44 制作图片轮播元件

2. 交互设计

　　Step1：选中"banner"动态面板元件，在交互面板中单击"新建交互"按钮→载入时→设置面板状态→下一项→勾选"向后循环"→选择向左滑动的进入动画，时间为250毫秒→设置循环间隔为3000毫秒→勾选"首个状态延时3000毫秒后切换"，如图6-45所示。

图6-45 "banner"动态面板交互设置

Step2：选中"点"动态面板，在交互面板中单击"新建交互"按钮→载入时→设置面板状态→下一项→勾选"向后循环"→进入动画不做设置→设置循环间隔为3000毫秒→勾选"首个状态延时3000毫秒后切换"，如图6-46所示。

图6-46 "点"动态面板交互设置

6.4 内联框架的应用

内联框架一般用于加载视频、引用网页、加载本地文件等。内联框架内嵌的内容可以是Axure RP 9.0文件之外的HTML或媒体文件（如优酷、土豆的视频），也可以是Axure RP 9.0原型中的其他页面。在高保真原型中，内联框架可以将不同页面的内容以及外部资源组合。

6.4.1 内联框架功能

查看样式面板或选择内联框架后单击鼠标右键，可以查看和设置内联框架的功能，如图6-47所示。只有在生成原型后才能显示内联框架中加载的内容。

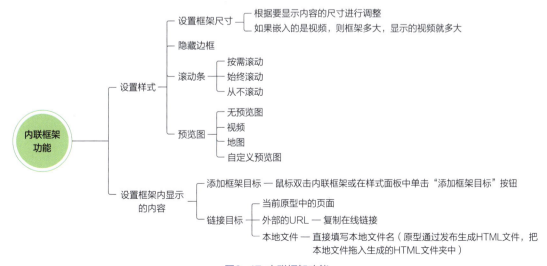

图6-47 内联框架功能

1. 设置样式

（1）设置框架尺寸

选中内联框架，拉动框架边框可以调整框架尺寸，也可在样式面板中设置框架尺寸。默认情况下，如果嵌入内容的尺寸大于内联框架本身，则内联框架中会自动出现滚动条。如果嵌入内容高于框架，则显示垂直滚动条；如果嵌入内容宽于框架，则显示水平滚动条。如果嵌入的是视频，则框架多大，显示的视频就多大。

（2）隐藏边框

默认情况下，内联框架在页面制作区和浏览器中都显示边框，边框的样式由Web浏览器控制。如需隐藏边框，则单击内联框架，在样式面板中勾选"隐藏边框"即可，如图6-48所示。

（3）滚动条

在样式面板中可以设置滚动方式：按需滚动、始终滚动、从不滚动，如图6-49所示。

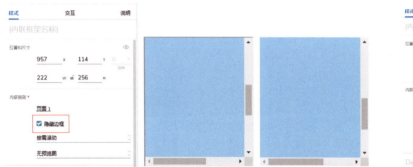

图6-48 隐藏内联框架边框的设置　　　　　图6-49 内联框架的滚动条设置

（4）预览图

只有页面加载到Web浏览器时，内联框架中嵌入的内容才会被动态加载。因此，嵌入内容不会出现在Axure RP 9.0的页面制作区中。为了在原型制作过程中标识内联框架内容，可以给内联框架设置预览图像。

选中内联框架，在样式面板的预览下拉列表中选择以下选项之一：无预览图、视频、地图、自定义预览图（允许用户导入自己的图像），如图6-50所示。

注意：预览图像将仅显示在Axure RP 9.0的页面制作区中，不会显示在Web浏览器中。

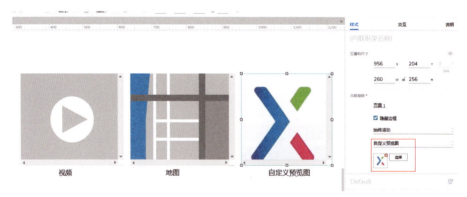

图6-50 设置内联框架的预览图

2. 设置框架内显示的内容

（1）添加框架目标

选中内联框架，在样式面板中单击"添加框架目标"按钮或双击内联框架，如图6-51所示。

图6-51 为内联框架添加框架目标

（2）链接目标

①链接一个当前原型中的页面：可以链接到当前原型中的任何一个页面，单击需要链接的页面即可，如图6-52所示。

②链接一个外部的URL或文件：可以链接到外部任何URL，输入可以被链接到的网址即可；也可以链接到本地文件，直接填写本地文件名即可。原型文件通过发布生成HTML文件，此时要把链接的本地文件直接拖入生成的HTML文件夹中。

图6-52 内联框架链接目标的方法

6.4.2 内联框架与动态面板的综合应用分析

动态面板的特点是显示的内容在固定区域内，超出该区域的部分将不显示，如果要显示就会出现滚动条，但移动终端平台的屏幕相对较小，所以一般不显示滚动条。

内联框架的特点是内容超出显示区域时，将在横向和竖向上均显示滚动条。

分析以上两个元件的特点可以发现，如果将内联框架置于动态面板内部，但是保持横向和竖向的滚动条在动态面板外部，就可以实现任意长度大小的内容具有滚动效果但不显示滚动条，如图6-53所示。

6.4.3 应用实例

实例名称：内联框架与动态面板的综合应用。

图6-53 内联框架与动态面板结合

实例介绍：以制作某化妆品首页长图为例，实现长图的手部滑动或鼠标滚动效果，此案例中的图标、需要链接的内部页面等设计均提前完成，不做重点讲解。

内联框架与动态面板的综合应用的制作关键点如图6-54所示。

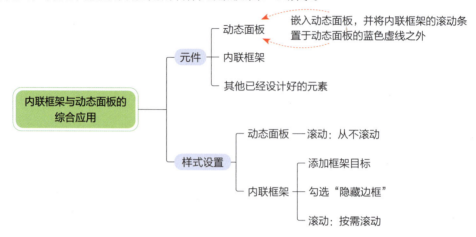

图6-54 内联框架与动态面板的综合应用的制作关键点

操作路径如下。

Step1：将动态面板元件从元件面板中拖入手机壳内，并将其调整至合适大小；此案例中由于首页的导航栏和标签栏是固定的，所以动态面板元件无须覆盖到上述位置，如图6-55所示。

Step2：双击动态面板元件，该动态面板元件只有一个状态，进入该状态的编辑模式，将内联框架元件从元件面板中拖入动态面板元件中，并将内联框架元件的滚动条置于动态面板元件的蓝色虚线之外，如图6-56所示。

图6-55 动态面板的制作　　图6-56 内联框架的制作

Step3：单击动态面板元件，在样式面板中选择从不滚动；选择内联框架元件，在样式面板中单击"添加框架目标"按钮，选择已制作好的首页长图，勾选"隐藏边框"，滚动方式选择"按需滚动"，如图6-57所示。

按快捷键F5可对原型进行预览，如图6-58所示。

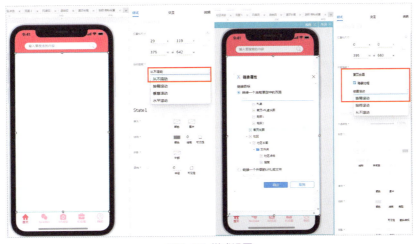

图6-57　样式设置

图6-58　预览原型效果

6.5　高级交互设计方法

要想轻松地制作出想要的交互效果，高级交互设计方法必须学会。经过本节的学习，必须掌握逻辑条件的应用、熟悉元件的属性、理解如何设置和应用变量、如何使用中继器等。

6.5.1　逻辑条件

逻辑条件在介绍情形操作时提及过，有了逻辑条件会让交互变得更加灵活。可以在设计的任何交互中加入逻辑条件，条件可以是基于原型中在元件上输入的值，也可以是基于某个变量值。

1. If……Then……Else逻辑语句

当一个事件包含多个情形时，可以使用条件逻辑来确定在哪些情形下动作会被执行。可以构建If/Else序列来实现这一点。在Axure RP 9.0中，不需要用户自己编写语句，用户只需要设计逻辑关系，然后根据逻辑关系添加逻辑条件。Axure RP 9.0中的情形、逻辑条件和语句的关系如图6-59所示。

If……Then……Else是最常见的逻辑语句，它的运用让交互变得更加简单，从图6-59中可以看出，Then关键词被省略掉了，If语句可以嵌套。在同一时刻，动作1、动作2和动作3只能执行一个，即Axure RP 9.0中多个情形在同一时刻只能执行一个，要想满足条件的多个情形都执行，则可以使用多个If语句。Axure RP 9.0默认If语句是嵌套的，而不是严格按顺序执行。

默认情况下，事件下的第一个条件情形是If语句，而后面的所有情形都是Else If语句。在交互面板中用鼠标右键单击情形，选择"切换为[如果]或[否则]"选项，可以将系统默认的Else If切换为If，如图6-60所示。

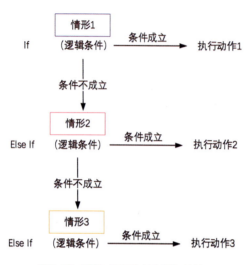

图6-59 情形、逻辑条件和语句的关系

图6-60 切换条件

If后面的逻辑条件可以是单独的一个条件，也可以为多个条件，多个条件的关系可以是同时满足，也可以是只满足其中的一个。在多个条件中，用"并且"和"或者"关键词来连接条件，例如，A并且 B表示同时满足A条件和B条件，A 或者 B表示满足A或B中的任意一个条件即可。

2. 条件生成器

条件生成器就是添加条件的界面，可以添加一个条件，也可以添加多个条件，在条件生成器中可以设置多个条件之间的关系，并轻松创建条件表达式，如图6-61所示。

①用于选择Axure RP 9.0中所有可用的条件可以建立基于以下元件类型的值的条件。

值：文本/数字的值或变量。

变量值：存储在变量中的当前值。

变量值长度：变量值的字符数。

元件文字：表单中输入的文字。

焦点元件文字：鼠标指针所在元件上的文字。

元件文字长度：表单中文本的字符数。

被选项：下拉列表或列表选择框中被选中项的文字。

禁用状态：无法设置值、变量值及元件选中后的状态。

选中状态：检测复选框或单选按钮是否被选中，或者一个元件是否为选中状态。

面板状态：动态面板当前显示的某个状态。

元件可见：当前元件显示或隐藏。

按下的键：键盘上按下某个键。

指针：拖动某个元件时鼠标指针的位置。

元件范围：部件之间是否接触。

自适应视图：自适应当前的视图。

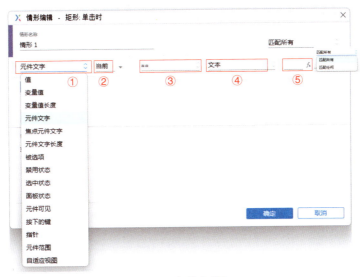

图6-61 条件生成器

②用于选择指定的元件，即判断哪个元件的某个条件。

③用于选择条件对比的类型，包括==、≠、<、>、≤、≥、包含、不包含、是和不是。

④和⑤是要对比的指定元件的值类型和赋的值。

单击"＋"按钮可增加条件，单击"×"按钮可删除某个添加的条件。

6.5.2 设置元件值

1. 动态设置元件

在交互过程中，可以动态设置元件的值，让交互变得更加灵活。在Axure RP 9.0中可以动态设置文本、图片和选择/选中等元件的值，这在原型交互设计应用中比较常用，需熟练掌握。下面通过实例来帮助读者理解和学习。

例如，图6-62所示的效果，在文本框中单击时，文本框右侧会出现提示文本"请输入用户名"，单击文本框之外的地方时，提示文本消失。将文本框元件命名为"input"，提示文本元件命名为"text"。

Step1：选中"input"文本框元件，在元件交互面板中单击"新建交互"按钮→选择"获取焦点时"→选择"设置文本"→目标选择text→设置文本值为"请输入用户名"，如图6-63所示。

Step2：选中"input"文本框元件，在元件交互面板中单击"新建交互"按钮→选择"失去焦点时"→选择设置文本→目标选择text→设置文本值为空（注意此处什么都不输入意味着"空"），如图6-64所示。

图6-62 效果预览

图6-63 文本框获取焦点时的设置　　图6-64 文本框失去焦点时的设置

2. 动态设置图片

动态更新页面中图片的设置方法如下。

（1）在交互面板中设置：选择事件→设置图片，对该图片进行5种状态的动态设置，即默认、鼠标悬停、鼠标按下、鼠标选中和禁用，在这5种状态下可以导入不同的图片，如图6-65所示。

（2）用鼠标右键单击交互样式进行设置：选中图片，单击鼠标右键，选择交互样式进行设置，如图6-66所示。

图6-65 在交互面板中动态设置图片　　　图6-66 在交互样式中动态设置图片

3. 动态设置选择/选中

可以动态设置一个元件由默认状态到选中状态，或者检测单选按钮或复选框是否被选中，如图6-67所示。

真（true）：设置一个元件为选中状态。

假（false）：设置一个元件为默认状态。

切换（toggle）：元件在"选中"与"默认"状态之间切换。

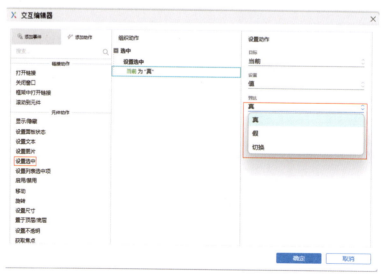

图6-67 设置元件的状态

6.5.3 变量

变量用于在原型中进行点击时在页面之间传递和存储数据。Axure RP 9.0中最多可使用25个变量。变量可以在交互设计和逻辑条件中使用。可将变量理解为数据传递的桥梁、页面和页面之间沟通的渠道。

1. 变量的管理

在整个项目原型中，可以添加、删除和增加变量，以及对变量排序。选择菜单栏的项目→选择全局变量，在弹出的"全局变量"对话框中显示了该项目中用到的所有全局变量，如图6-68所示。

全局变量就是在整个原型项目中都有效，可以传递使用的变量。

图6-68 "全局变量" 对话框

2. 变量的申请与设置

变量的申请有两种方法，第一种是在"全局变量"对话框中单击"添加"按钮申请变量。变量的命名规则是必须为字母和数字，要少于25个字符，且变量名不能包含空格。第二种是在添加交互时直接申请，然后直接使用。例如，在为一个按钮添加动作后，直接在配置动作栏申请一个变量，并直接使用该变量，即可为该变量赋值。

下面是在未提前申请变量的情况下申请变量并设置变量值的步骤，如图6-69所示。

① 选择"设置变量值"动作。

② 单击"新增变量"按钮，进入变量管理面板，单击"添加变量"按钮即可快速申请一个变量。

③ 设置变量值，即设定变量在该动作后应当为哪个值。变量的值可以为用户直接输入的任何值，也可以等于另一个变量的值、另一个变量值长度、元件文字、动态面板状态等。

图6-69 设置全局变量的值

3. 什么时候使用变量

当页面A要对页面B的某个元件动作或事件状态等数据进行访问时，需要将页面B中的元件动作或事件状态记录下来，然后在页面A中将此记录打开。记录就是记录数据，这些数据只要存到内存中的某个地方就得到了记录，因此要在内存中为这些数据分配一定量的存储空间，这个存储空间就是变量，变量名为存储空间的名称。具体的变量应用过程如图6-70所示，图6-70中清晰地表述了变量VAR1和VAR2如何在页面A和页面B之间传递数据。

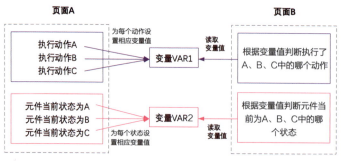

图6-70 变量应用过程示意图

6.5.4 中继器的应用

中继器就是一个数据集的容器，可以将它理解为带数据交互功能的"模拟数据库"。它是一款高级元件，用来显示重复的文本、图片和链接，通常使用中继器来显示商品列表、联系人信息列表、数据表或其他内容。

1. 中继器基础

中继器一共有11个动作，其中包括6个中继器动作和5个数据集动作。在原型制作中，可以在中继器中导入图片和数据；在交互上，它可以实现新增行、删除行、标记行、排序、筛选等功能。配合函数使用，中继器还可以实现更多高级交互效果，类似于数据库的功能，非常方便实用。

（1）中继器的样式

行和列的基础操作：从元件库中找到中继器元件，将其直接拖到页面制作区中，默认为三行一列；在样式面板中可以修改中继器元件的相关属性，单击样式面板中的按钮，可以修改当前中继器元件中的行和列，如增加行（上方或下方）、增加列（左方或右方）、删除行和列、上下移动行和列，如图6-71所示。

显示增加的列：在中继器元件中单击添加行的按钮，中继器元件中会实时显示添加的行；单击添加列的按钮，则需要在交互面板中设置文本，将添加的列与原先的列关联。例如，在中继器元件中添加第二列，将其命名为Column1，并在每行中依次输入A、B、C、D。切换到交互面板中，我们能看到已有Column0的值为[[item.Column0]]，单击"+"按钮，选择设置文本，将目标Column1的值设置为[[item.Column1]]，单击"完成"按钮，如图6-72所示。

其他设置：调整行和列的边距、间距、布局方式等。

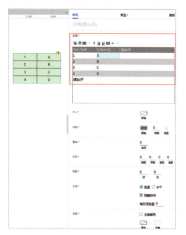

图6-71 行和列的基础操作

图6-72 显示增加的列

（2）中继器的动作

中继器动作共有11项，分别为添加排序、删除排序、添加筛选、删除筛选、设置当前显示页面、设置每页项目数量、添加行、标记行、取消标记、更新行、删除行。这些动作可以动态改变中继器的数据集，从而在页面中动态显示不同的内容，也可以在页面中对显示的数据集进行删除、添加等操作。

2. 中继器实例

实例名称：用中继器制作成绩单。

实例介绍：利用中继器制作成绩单，对成绩单进行排序、增加行、删除行、筛选等操作。

操作路径如下。

Step1：制作成绩单表头。

矩形元件：将矩形元件拖入页面制作区，将其调整为合适大小，填充颜色以用作表头的背景色。

文本标签元件：分别拖入6个文本标签元件，分别输入字段"序号""学号""姓名""班级""分数""操作"；为了方便查找，在样式面板中将6个文本标签元件依次命名为"序号""B1""B2""B3""B4""B5"；在"分数"文本后添加准备好的排序图标，如图6-73所示。

图6-73 表头的制作

Step2：制作成绩单表格内容。

中继器元件与文本框元件：将中继器元件拖入页面制作区，并命名为"内容中继器"；双击中继器元件进入编辑区域，将中继器元件中自带的矩形元件删除，分别拖入6个文本框元件作为表格内的6列内容，并依次命名为"序号0""表1""表2""表3""表4""删除"；在样式面板中将6个文本框元件的填充色设为无填充色（为后续表格背景做交替色准备），如图6-74所示。

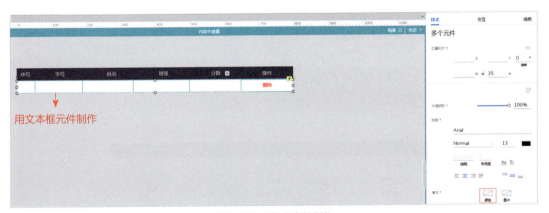

图6-74 表格内容的制作

中继器样式设置：选择中继器，在样式面板中选择数据，往表格中填充数据，可在数据样式下对表格进行增加、删除行和列，上下移动行，左右移动列等操作；布局选择"垂直"，背景选择"交替颜色"，如图6-75所示。

中继器交互设置：将中继器样式面板中的数据与中继器表格关联，选择中继器，在交互面板中设置序号0为[[Item.Column0]]，表1为[[Item.Column1]]，表2为[[Item.Column2]]，表3为[[Item.Column3]]，表4为[[Item.Column4]]，如图6-76所示，关联后的效果如图6-77所示。

其他元件的应用：用下拉列表元件制作分数筛选的按钮，双击下拉列表元件，添加不同的分数段用于筛选；添加"＋"按钮用于增加表格的行，添加 < 、> 按钮用于翻页，如图6-78所示。

图6-75 中继器样式设置

图6-76 中继器交互设置

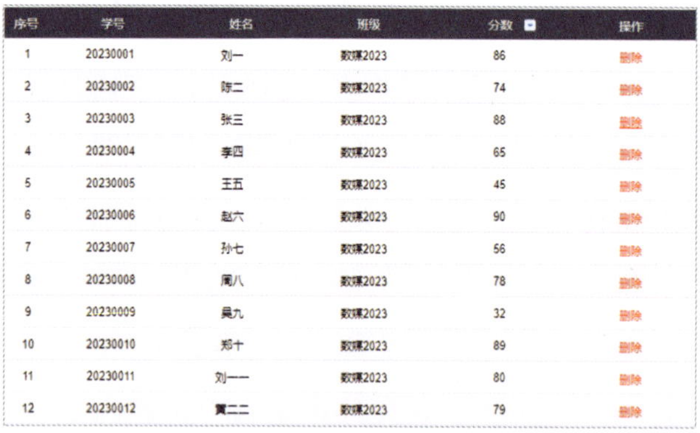

序号	学号	姓名	班级	分数 ▼	操作
1	20230001	刘一	数媒2023	86	删除
2	20230002	陈二	数媒2023	74	删除
3	20230003	张三	数媒2023	88	删除
4	20230004	李四	数媒2023	65	删除
5	20230005	王五	数媒2023	45	删除
6	20230006	赵六	数媒2023	90	删除
7	20230007	孙七	数媒2023	56	删除
8	20230008	周八	数媒2023	78	删除
9	20230009	吴九	数媒2023	32	删除
10	20230010	郑十	数媒2023	89	删除
11	20230011	刘一一	数媒2023	80	删除
12	20230012	黄二二	数媒2023	79	删除

图6-77 中继器数据与表格关联后的效果

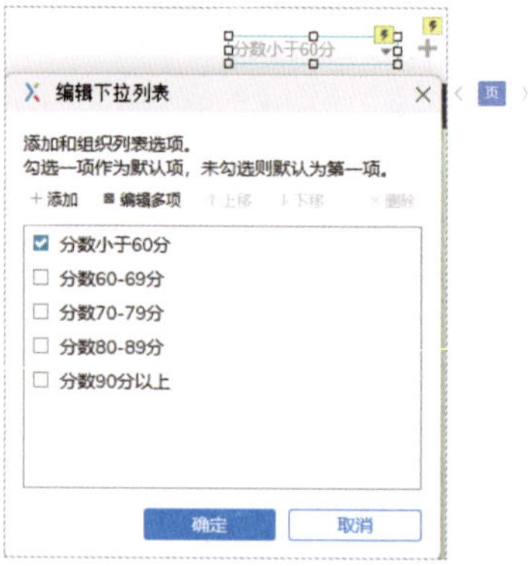

图6-78 其他元件的应用

成绩单表格整体样式预览效果如图6-79所示。

序号	学号	姓名	班级	分数 ▼	操作
1	20230001	刘一	数媒2023	86	删除
2	20230002	陈二	数媒2023	74	删除
3	20230003	张三	数媒2023	88	删除
4	20230004	李四	数媒2023	65	删除
5	20230005	王五	数媒2023	45	删除
6	20230006	赵六	数媒2023	90	删除
7	20230007	孙七	数媒2023	56	删除
8	20230008	周八	数媒2023	78	删除
9	20230009	吴九	数媒2023	32	删除
10	20230010	郑十	数媒2023	89	删除
11	20230011	刘一一	数媒2023	80	删除
12	20230012	黄二二	数媒2023	79	删除

图6-79 成绩单表格整体样式预览效果

Step3：制作成绩单表格的交互。

添加排序的交互：单击分数旁边的排序图标，在交互面板中设置单击时→添加排序→选择
Column4（成绩列）→切换排序→升序，如图6-80所示。

图6-80 添加排序的交互

添加筛选的交互（此处仅做低于60分的筛选演示）：选择下拉列表元件，在交互面板中设置
单击时→添加情形1，即If被选项于（下拉列表）==分数小于60分→添加筛选→目标为"内容中继
器"→规则为[[Item.Column4<60]]，如图6-81所示。

图6-81 添加筛选的交互

设置当前显示页面：设置表格当前显示的页面，此设置针对两页以上的表格，表格内容可以分
页显示，因此需要设置中继器中的内容分页显示，勾选"多页显示"，此案例中每页项数量为10，
即一页只显示10条信息，如图6-82所示；选择 图标，如图6-83所示，在交互面板中单击"新建交
互"按钮→单击时→设置当前显示页面→目标为"内容中继器"→页面为"上一项"，如图6-84所
示；下一页的交互与上一页的相似，只需要将页面选择为下一页，此处不再赘述。

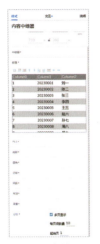

图6-82 设置当前显示页面

图6-83 翻页图标

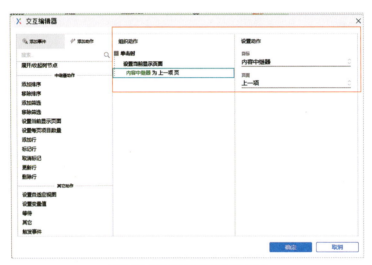

图6-84 设置当前显示页面的交互

添加行：选择表中的"+"图标，在交互面板中单击"新建交互"按钮→单击时→添加行→目标为"内容中继器"→单击"添加行"按钮，如图6-85所示。

添加行的预览效果如图6-86所示，可在添加的行中自由输入文本。

删除行：选择表格中的"删除"文字，在交互面板中单击"新建交互"按钮→单击时→删除行→目标为"内容中继器"→选择当前行，如图6-87所示。

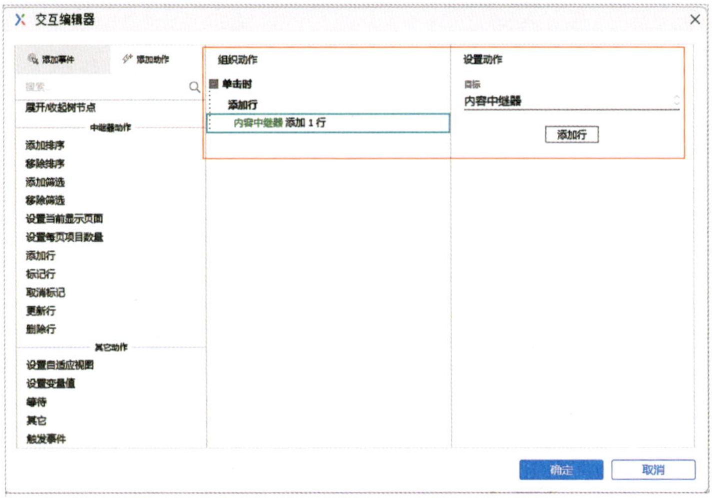

图6-85 添加行

图6-86　添加行的预览效果

图6-87　删除行

标记行：对表格中的某些字符进行标记，例如，对表格中的"删除"文字进行标记，选择"删除"文字，在交互面板中单击"新建交互"按钮→鼠标移入时→标记行→目标为"内容中继器"→选择当前行，如图6-88所示；取消标记则执行相反操作，不再赘述。

标记行的预览效果如图6-89所示，当鼠标指针移入时，"删除"文字下方出现横线标记。

图6-88　标记行

序号	学号	姓名	班级	分数	操作
1	20230001	刘一	数媒2023	86	删除
2	20230002	陈二	数媒2023	74	删除
3	20230003	张三	数媒2023	88	删除

图6-89　标记行的预览效果

6.5.5　应用实例

实例名称：变量在不同页面间的传递。

实例介绍：此实例是基于6.4.3小节"内联框架与动态面板的综合应用"的更深入的设计；点击首页中的"品牌""礼盒""好物榜单""新品情报"图标，打开对应界面，这运用了变量、动态面板元件和内联框架元件，重点是对于变量的应用；此案例中的图标、需要链接的内部页面等设计均已提前完成，不做讲解。

变量在不同页面间的传递的制作关键点如图6-90所示。

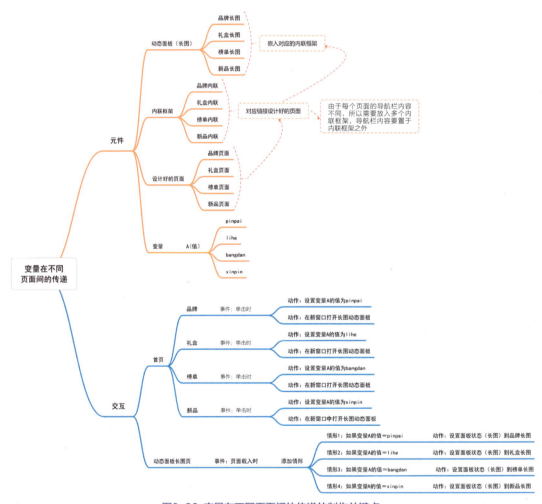

图6-90　变量在不同页面间的传递的制作关键点

操作路径如下。

Step1：页面的制作。

将手机壳元件拖入页面制作区并锁定。拖入动态面板元件，调整其大小（符合手机界面），在样式面板中将该动态面板元件命名为"长图"。双击动态面板元件，建立4种状态，分别命名为"品牌长图""礼盒长图""榜单长图""新品长图"，如图6-91所示。分别选择4种状态，每种状态中均放入内联框架（因为每页导航栏的内容不同），并按照对应关系分别命名为"品牌内联""礼盒内联""榜单内联""新品内联"。以"新品长图"状态为例，由于顶部导航栏需要呈现固定不变的效果，所以顶部导航栏置于内联框架之外，双击内联框架，链接目标选择已提前设计好的新品页面，如图6-92所示。动态面板中其余长图状态的操作与"新品长图"状态相似，不再赘述。

图6-91 "长图"动态面板中的4种状态

图6-92 内联框架的应用

Step2：交互的制作。

选中首页中的品牌图标，在交互面板中选择单击时→设置变量值，此处添加全局变量A→A的值为pinpai→在新窗口打开长图动态面板页面，如图6-93所示。同理，分别选择礼盒、好物榜单、新品情报图标，在交互面板中分别选择单击时，设置变量A分别为lihe、bangdan、xinpin，在新窗口打开长图动态面板页面。

图6-93 品牌页的交互制作

选择长图动态面板页面，在交互面板中选择页面载入时→添加情形1，即如果变量A的值为pinpai，则添加动作，设置面板状态从长图到品牌长图→添加情形2，即如果变量A的值为lihe，则添加动作，设置面板状态从长图到礼盒长图→添加情形3，即如果变量A的值为bangdan，则添加动作，设置面板状态从长图到榜单长图→添加情形4，即如果变量A的值为xinpin，则添加动作，设置面板状态从长图到新品长图，如图6-94所示。

图6-94 长图动态面板页面的交互制作

6.6 习题

思考题

1. Axure RP 9.0中元件库的作用是什么？如何创建自己的元件库？
2. 页面交互和元件交互有什么区别？它们分别可以在什么交互情况下使用？
3. 什么是动态面板？它的作用是什么？
4. 什么是内联框架？它的作用是什么？
5. 动态面板和内联框架联合使用有什么优势？可以解决什么实际问题？
6. 在进行原型交互设计时为什么要使用变量？举例说明变量是在什么情况下如何使用的。

实践题

1. 根据自己小组的产品选题，创建自己产品所需的元件。
   要求：将所有创建出的*.rplib文件保存到同一个文件夹下。
2. 根据自己小组的产品选题，创建产品流程图。
3. 根据自己小组的产品选题，完成产品的所有交互设计并进行交互测试。

第 **7** 章

产品视觉表现

产品视觉表现涉及图像学、符号学、认知心理学等，对设计者的要求相对比较高，它不同于普通的平面视觉设计。好的产品视觉表现会提升品牌的价值，提高品牌的传播度，强化品牌和企业的形象，从而使产品与竞品更具差异化。视觉表现属于用户体验设计五大层面模型的表现层，是用户感受的最直接呈现，通过具象的图标、颜色及其图案吸引用户注意力，更好地完成用户与产品的沟通，引发用户记忆和情感的共鸣。研究表明，用户只需要50ms即可对一个产品产生第一印象和判断，这是用户对产品最重要的印象，同时也是建立品牌形象最重要的渠道。

思维导图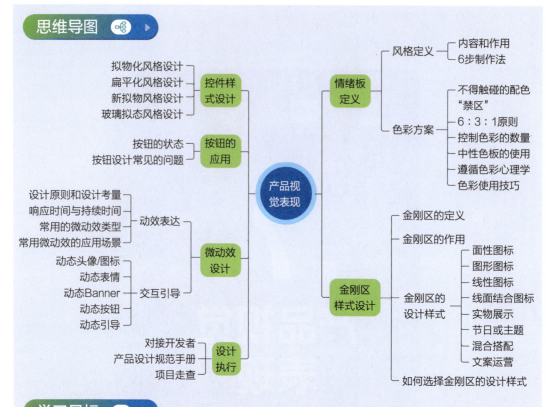

学习目标

（1）理解情绪板的内容和作用。

（2）掌握6步法制作情绪板的方法和技巧。

（3）了解视觉表现的色彩方案，重点掌握中性色板的使用，以及色彩使用技巧。

（4）掌握控件样式的4种风格设计技巧和按钮设计常见的问题。

（5）理解金刚区的定义和作用。

（6）重点掌握金刚区的设计样式，会在实际产品设计中应用。

（7）理解动效表达中的设计原则和设计考量，重点掌握微动效的常用应用场景。

（8）掌握交互引导的5种引导方式。

（9）真正理解视觉设计在互联网产品设计中的突出地位。

7.1 情绪板定义

情绪板（Mood Board）是由能代表用户情绪的文本、元素、图片拼贴而成的，是常用的表达设计定义和方向的设计方法。使用情绪板的最大好处是可以明确客户真正的需求并定义正确的视觉设计风格。

7.1.1 情绪板概述

正确的风格定义来自情绪板的制作，它是一种设计方法，可以很好地指导设计方向，传递设计灵感和思路。

1. 情绪板的内容和作用

设计是一个主观的行为，需要找到商业和美学的平衡点，它不是一个纯艺术的表现，需要有客观的理论去支撑视觉设计，情绪板就是一种很好的设计方法。情绪板的内容和作用如图7-1所示。

图7-1 情绪板的内容和作用

（1）内容：情绪板可以帮助我们定义视觉设计相关的五大内容，分别为图形、色彩、字体、构成和质感。

（2）作用：情绪板的核心作用是定义正确的设计风格，对于设计师而言，它是定义视觉风格和指导设计方向的依据；对于团队而言，它可以在团队之间传递设计灵感与设计思路，使团队成员想法充分融合，深化设计。

2. 情绪板制作6步法

情绪板制作一般分为6步，如图7-2所示。

图7-2 情绪板制作6步法

6步法的具体执行流程如图7-3所示，每一步都为下一步奠定了研究和分析基础，情绪板制作6步法是视觉设计有力的理论支撑。

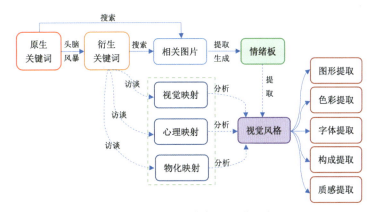

图7-3 情绪板制作6步法的具体执行流程

（1）明确原生关键词

原生关键词来自公司对产品的战略定位、产品的功能特色、用户的需求特征，通过内部讨论和用户访谈明确原生关键词。

（2）挖掘衍生关键词

挖掘衍生关键词是对原生关键词的发散和提炼，主要通过头脑风暴或用户访谈进行。例如，要做一款产品，衍生关键词提炼为"简洁""时尚""舒服"，如图7-4所示。以下的其他步骤也以此为基础讲解。

图7-4 衍生关键词

（3）搜索关键词相关的图片

确定好衍生关键词后，利用网络等方式搜集与关键词相匹配的图片素材，常用的图片搜索网站有设计师猎酷网站Pinterest、全球免费高清图资源网站Unsplash、摄图网、觅知网等。

（4）提取生成情绪板

将搜集到的图片素材，按照衍生关键词进行分类并提取生成情绪板，如图7-5所示。

（5）衍生关键词映射

将衍生关键词按照视觉映射、心理映射和物化映射3种关系进行收集整理，得到用户理解的"抽象关键词"对应的"具象定义"。可以用表格的形式进行整理，第一行为衍生关键词，第二行为衍生关键词对应的词典定义，第三行、第四行和第五行分别是对关键词进行的用户定义，具体如图7-6所示。

图7-5 生成情绪板

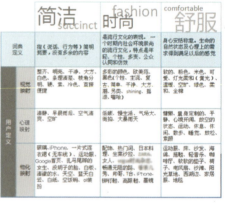

图7-6 衍生关键词映射

（6）提取视觉风格

根据第4步生成的情绪板图片，再结合衍生关键词的分析结果，从图形、色彩、字体、构成、质感5方面提取视觉风格，从而形成视觉设计。

①图形提取。通过对图形的分析，基本几何图形具有简单、纯粹的特点，可以很好体现"简洁""舒服""时尚"的特征，如圆形，如图7-7所示。

②色彩提取和质感提取如图7-8所示。

③字体提取。通过对字体进行分析，中文字体端庄匀称、字形方正，如思源黑体、方正兰亭黑、苹方等；英文字体线条简洁、字形严谨，如Helvetica、Avenir、DIN 等，都比较符合"简洁""舒服""时尚"的特征。

④构成和质感提取。通过分析，列表式、瀑布流式等的视觉表达方式直观而强烈，给人简洁明快的感觉，如图7-9和图7-10所示。

图7-7　图形提取

图7-8　色彩提取和质感提取

图7-9　视觉效果呈现（一）

图7-10　视觉效果呈现（二）

7.1.2　色彩方案

面对多种多样的互联网产品，一些产品的色彩搭配会给我们留下深刻的印象，如微信的绿色、支付宝的蓝色等，所以色彩对用户体验非常重要。下面详细讲解情绪板中色彩的使用方法。

1. 不得触碰的配色"禁区"

在设计中没有绝对的禁区，这里所说的禁区指的是这些区域的颜色不好控制。配色禁区大致分为三角形禁区、矩形禁区和扇形禁区3种，如图7-11所示。

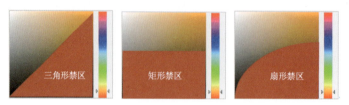

图7-11 不得触碰的配色"禁区"

在界面设计中，一般主色和辅助色都集中在右上角，次要的和不可点的区域使用的颜色都集中在中上方，文字信息和背景颜色集中在左侧，右下角是要重点避开色彩的区域。

2. 6∶3∶1原则

在互联网产品设计中，色调一般由主色、辅助色和点缀色搭配形成，色调一致的界面设计能给用户视觉体验上的延续性。6∶3∶1原则是能达到色彩平衡的最佳比例，60%主色可以运用到导航栏、按钮、图标等关键元素中；30%辅助色用来平衡过多的主色造成的视觉疲劳；10%点缀色可以用在一些不太重要但又需要在视觉上进行区分的元素上。6∶3∶1原则构建了一种丰富的色彩层次，让界面看上去和谐、平衡。

色彩层次、邻近色的应用会让界面看上去和谐平衡。图7-12所示的App界面将黄色作为主色，紫色作为辅助色，整个界面用了紫、黄、灰3种颜色和它们的邻近色，主次关系处理得非常清晰、明确，也符合6∶3∶1原则。主色一般要选用色相明确的颜色，决定产品的主色调和主视觉，用在最主要的位置。

图7-12 6∶3∶1原则的应用

3. 控制色彩的数量

在一个页面中颜色不要超过3种，这也和上面说的6∶3∶1原则类似，即一个主色、一个辅助色和一个点缀色。在实际的设计中，可以调整3种要使用颜色的饱和度和明度来获得更加丰富的色彩，如图7-13所示。

图7-13 3种颜色调整出的丰富色彩

4. 中性色板的使用

黑、白、灰就是通常所说的中性色，在互联网产品设计中被大量使用。合理选择使用中性色可以使页面信息具备良好的主次关系，提升用户的阅读体验。常见的中性色板包含13种颜色，如图7-14所示。

图7-14 中性色板

中性色在实际设计应用中为了突出层次感，通常会改变文字、线条等的透明度。如果是浅色背景，则改变黑色文字、线条等的透明度；如果是深色背景，则改变白色文字、线条等的透明度，具体应用如图7-15所示。

颜色类型	浅色背景下	深色背景下
Title	@Black 85%	@White 85%
Primary text	@Black 65%	@White 65%
Secondary text	@Black 45%	@White 45%
Disable	@Black 25%	@White 30%
Border	@Black 15%	@White 20%
Dividers	@Black 6%	@White 12%
Background	@Black 4%	@White 8%
Table header	@Black 2%	@White 4%

图7-15 中性色在实际设计中的应用

5. 遵循色彩心理学

在心理学界，有关研究显示，人的视觉器官在观察物体时，在最初的41秒内，色彩感觉约占80%，形体的感觉约占20%；2分钟后，色彩约占60%，形体约占40%；5分钟后约各占一半，并且这种状态将继续保持，色彩对于人与物体发生视觉接触的重要性可见一斑。色彩是有情绪的，例如，红色代表热情，黄色代表快乐，绿色代表健康，蓝色代表科技，紫色代表浪漫等。

6. 色彩使用技巧

（1）互补色带来愉悦和张力

互补色的使用能对用户产生视觉上的强烈刺激，给人留下深刻的印象，适合在夸张的、张扬的场景下使用。但互补色用得过于频繁容易造成用户视觉疲劳，给人不安定的感觉。

正确运用互补色可以让整个界面或者画面更诱人、更具魅力，3对主要的互补色如图7-16所示。

互补色在图形中的应用如图7-17所示。微信App在设计上使用了红绿互补色。

图7-16 3对主要的互补色　　　　　　图7-17 互补色的运用

（2）冷暖色带来情感上的平衡

冷暖色的使用可以带来情感上的平衡，冷色可以很好地烘托暖色，调节人的情绪。3对主要的冷暖色如图7-18所示。

冷暖色在图形中的应用如图7-19所示。

图7-18 3对主要的冷暖色　　　　　　图7-19 冷暖色的应用

（3）深浅色增加色彩的层次感

合理使用深浅色可以使画面平衡，和谐统一，增加层次感。3对主要的深浅色如图7-20所示。

深浅色在图形中的应用如图7-21所示。

图7-20 3对主要的深浅色　　　　　　图7-21 深浅色的应用

（4）流行色的使用

流行色是时尚风向标，大多数人都有追随时尚步伐的意愿，服装、饰品、包装的设计师都会关注色彩的流行趋势。色彩研究机构潘通公布2023年度流行色为非凡洋红。据介绍，非凡洋红是"一种微妙的深红色调"，在冷暖色间达到了平衡，是"非常规时代的非常规颜色"，色彩充满活力；2022年度流行色为长春花蓝，象征"创新和全新的开始"；2021年度流行色为极致灰与亮丽黄，意为"隧道尽头的光"，这3种颜色如图7-22所示。界面设计师应当重视流行色，利用人们的求同心理效应，迎合大众的消费心理。

2023　　　　　　　　　　2022　　　　　　　　　　2021

图7-22 色彩研究机构潘通公布的流行色

（5）常见配色方案推荐

由于篇幅有限，这里只推荐12种常见配色方案供读者参考，如图7-23所示。

图7-23 常见配色方案推荐

7.2 控件样式设计

7.2.1 拟物化风格设计

拟物化风格设计是模仿真实世界中相应的物品，给用户很强的提示，通过物理外观告诉用户这是哪种类型的产品，如图7-24所示。

图7-24 拟物化风格设计

优点：拟物化风格设计增强了用户对界面的理解，用户通过直觉判断便可以获取图标所表达的信息。

缺点：通过追求逼真的外观吸引用户，反而忽略了产品功能和使用体验；相对复杂的阴影渐变弱化了图标所要传达的有用信息，容易让用户产生审美疲劳。

7.2.2　扁平化风格设计

扁平化风格设计是一种极简设计，在设计手法上摒弃高光、阴影等产生透视感的制作方法，通过简化和抽象的设计元素直观传递信息内涵。这样的设计方法容易突出主题内容，引导用户关注内容本身，如图7-25所示。

图7-25 扁平化风格设计

优点：风格简约，突出重点内容，弱化阴影、渐变等一切对用户产生干扰的因素，使用户能快速获取信息。

缺点：降低了图标之间的识别度，可能会增加用户理解的难度，降低可读性。

在实际的设计中，通常会将拟物化风格设计和扁平化风格设计结合。例如，图7-26所示的在各种扁平化风格的苹果系统图标中，拟物化风格的指针式时钟图标仍然一直保留着。

图7-26 苹果
系统时钟图标

7.2.3　新拟物风格设计

新拟物风格设计在扁平化风格设计的基础上增加了立体感，通过添加投影、高光、纹理、材质、阴影等效果，制作出类似于浮雕的效果，使图标外观更加美观；颜色多为朴素的纯色，通过少量的色彩突出重点，如图7-27所示。

图7-27 新拟物风格设计

优点：新颖，给用户新鲜的感觉。

缺点：由于新拟物风格设计更多通过阴影等立体感区分按键和背景，对比度和层级效果区分不明显，辨识度较低，不利于有效引导用户。

7.2.4　玻璃拟态风格设计

玻璃拟态风格设计是在模糊的背景上添加半透明元素的设计。通过调整元素透明度，展现出丰富的层次和磨砂玻璃的质感，整体看上去轻巧又富有时尚感，如图7-28所示。

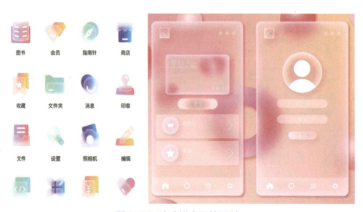

图7-28 玻璃拟态风格设计

优点：鲜艳的色彩与半透明的元素对比，好像物体漂浮在空间中，再通过前后关系对比，表现出丰富的层次感。

缺点：如果在关键信息上使用这种设计风格，则无法保证设计的可读性，所以这种风格设计尽量不要应用于过于单调或过于复杂的背景中。

7.3　金刚区样式设计

7.3.1　金刚区的定义

金刚区这个名称来源于百变金刚，由于产品迭代或功能调整变更，金刚区的内容可以很灵活地被替换，就像一个百变金刚一样，故称之为金刚区。金刚区通常指的是首页 Banner 或搜索框下以宫格式排列的多个图标，属于页面的核心功能区。金刚区中的图标排列多为1~2行、每行5个的布局方式，再多会显得拥挤，如果还有更多的内容，则可将金刚区设为左右滑动。金刚区样式如图7-29所示。

图7-29　金刚区样式

7.3.2　金刚区的作用

金刚区属于产品主页的核心功能区，服务于整个产品，其作用主要有如下两点。

（1）业务导流：为不同的业务模块引流。

（2）功能选择：为用户提供不同功能的服务。

7.3.3　金刚区的设计样式

金刚区的设计样式一般是"图标+文字"。金刚区的样式分类如图7-30所示。

图7-30　金刚区的样式分类

1. 面性图标

面性图标是最常见的图标之一，一般由外轮廓图形和内部的图形组成。外轮廓图形一般选用圆形或者大圆角，色彩一般选用邻近色或同类色，在细节上一般选用具有质感的微渐变效果。面性图标具有亲和力、图形表达明确、容易吸引人的特点。图7-31所示分别为航天智慧家园App和喜马拉雅App的金刚区，里面的图标都属于面性图标。

图7-31 面性图标的金刚区样式

2. 图形图标

相对于面性图标，图形图标的样式是纯图形设计，不需要外轮廓的衬托，设计细节比较丰富，富有创意，能营造小的场景插画，但对文字信息的依赖性强。图7-32所示分别为美团App和当当App的金刚区，里面的图标都属于图形图标。

图7-32 图形图标的金刚区样式

3. 线性图标

线性图标主要利用图形的结构线进行设计，色彩上以纯色为主，也可添加品牌色作为辅助色。线性图标具有设计上简洁，视觉上安静，但视觉冲击力较弱，色彩单调的特点。图7-33所示分别为中国联通App和中国农业银行App的金刚区，里面的图标都属于线性图标。

图7-33 线性图标的金刚区样式

4. 线面结合图标

线面结合图标是在图形化的基础上添加轮廓结构线，色彩上简练干净，一般不会超过3种颜色。线面结合图标具有轮廓清晰，视觉冲击力较强，设计细节丰富，富有创意，但增加了识别难度，比较依赖文字注释的特点。线面结合图标的金刚区样式如图7-34所示。

图7-34 线面结合图标的金刚区样式

5. 实物展示

实物展示多以当前主营业务具有代表性的商品为图例，可单独展示，也可配合遮罩图形或背景轮廓进行展示。实物展示具有主题明确且感染力强，但是极其依赖文字注释，商品图经常变动，增加用户对于金刚区模块认知的学习成本的特点。实物展示的金刚区样式如图7-35所示。

图7-35 实物展示的金刚区样式

6. 节日或主题

这种设计风格偏重于节日或主题氛围浓厚的时候，能满足用户特定时候的情感需求，设计细节精致，富有创意；同时，视觉冲击力强，在视觉上与当前运营主题设计风格统一，使整个界面在视觉上看起来更加融合。节日或主题设计的金刚区样式如图7-36所示。

图7-36 节日或主题设计的金刚区样式

7. 混合搭配

混合搭配是将前面几种样式结合，放在一个金刚区中，这样可以让金刚区的图标形成层次感，但是太多的样式混杂在一起，会增加用户的学习成本。图7-37所示的金刚区样式由面性图标、图形图标和线性图标组成。

图7-37 混合搭配的金刚区样式

8. 文案运营

基于当前运营活动的主题进行金刚区样式设计，设计风格新颖，细节丰富，可发挥的创意点多，适用于短期活动的运营。文案运营的金刚区样式如图7-38所示。

图7-38 文案运营的金刚区样式

7.3.4　如何选择金刚区的设计样式　🔍

主流金刚区的图标设计主要分为线性图标和面性图标两种。通常情况下，金刚区的设计样式按照功能性产品和业务性产品来选择。

（1）功能性产品。该类产品的用户自主性比较强，更适合用线性图标和图形图标，因为线性图标视觉上更加简洁、沉稳、识别度高，页面会更加统一，用户可以根据自己的实际需求对功能进行点击操作。

（2）业务性产品。该类产品的用户相对有较强的目标性，更适合用面性图标，因为面性图标视觉冲击力很强，能够快速引导用户点击，起到业务导流的作用。

7.4　按钮的应用

7.4.1　按钮的状态　🔍

每类按钮都有一套基础的状态，包括Normal状态（默认状态）、Hover状态（悬浮状态）、Down状态（按下状态）、Disable状态（禁用状态），如图7-39所示。

Normal状态：该状态就是按钮正常显示在页面的状态。

Hover状态：鼠标指针停留在按钮上时，按钮展示出的反馈。

Down状态：点击按钮时，按钮的效果反馈。

Disable状态：页面按钮不可用时，可能是信息未填写完成，可能是操作未达到某种条件要求，按钮会展示为该状态；对于禁用状态的按钮，可以设置鼠标指针移到按钮上后展示解禁提示，这样对用户更友好。

图7-39　按钮的4种状态

7.4.2　按钮设计常见的问题

按钮是界面设计的关键性元素，用于引导用户进行下一步交互。对话框、输入框、工具栏等很多组件都会用到按钮。在设计按钮时要注意如下问题，使用户体验更好。

1. 有无边框

按钮设计的基本准则是让设计的按钮识别度更高，边框加强了传统按钮的感觉，如果没有边框，则看起来更像一个链接而不像一个按钮，所以在可选择的情况下，使用带边框的设计会更好。按钮有无边框的效果对比如图7-40所示。

图7-40　按钮有无边框的效果对比

2. 选择什么颜色

颜色作为视觉语言，是与用户进行沟通的重要渠道，可以采用以下方法选择颜色。

（1）选择确定的产品配色方案中的颜色。

（2）选择相对鲜艳的颜色。

（3）可以通过颜色的常见含义来选择，例如，对于可能存在危险操作的按钮，选择红色。

3. 使用什么形状

目前用得最多的按钮形状是倒圆角的方形按钮，倒圆角在视觉上更讨人喜欢，将用户的注意力指向了按钮中心。在实际设计时，要根据产品整体的视觉形式来选择合适的按钮形状，如果页面中的方形按钮使用得多，则为了视觉统一应该继续使用方形按钮。

4. 有填充还是无填充

空心按钮常用于登录页面和具有多个按钮的页面中。在用户体验方面，空心按钮的视觉重量较小，很难吸引用户注意力；而填充按钮由于具有更高的色彩对比度，通常用作主操作按钮。

5. 按钮中使用多少文本作为标签

使用多少文本作为标签没有严格的规范要求，但要注意避免文本换行或文本超过按钮本身容器的宽度，以保证文本的可读性。图7-41所示的两种情况都是需要避免的。

图7-41 应避免的两种文本标签

6. 文本标签是否可以大写

所有字母都大写会造成文本难以阅读和理解。研究发现，阅读全部大写的标题的时间要延长13%~20%。大小写文本标签对比如图7-42所示。

图7-42 大小写文本标签对比

7. 是否可以用图标替换文本

如果图标有通用的含义，例如，我们常见的主页、打印、购物车等，则可以用相应图标替换文本，但不要在同一个按钮中使用两个图标，图7-43所示的设计就是要避免的。

图7-43 避免按钮中有多个图标

8. 按钮上是否需要使用投影

虽然投影能凸显按钮的重点，但最终是否使用取决于界面的样式。如果界面中大多数UI元素是平面的，就不需要在按钮上使用阴影。在给按钮添加投影时，选择灰色或纯黑色并调整不同明度即可满足基本效果，但如果想要更好的视觉体验，则可以基于按钮本身的色值来调整，让投影效果看起来更舒适，跟页面更搭。

值得注意的是，颜色较浅的按钮尽量不使用投影，否则可能会影响按钮的识别度，让这个页面看起来不够清爽。图7-44中，左图的"确定"按钮使用了投影，很明显识别度降低了，而右图的按钮识别度高一些。

图7-44 使用和不使用投影的效果对比

9. 按钮如何进行层级分类

在实际设计中，按钮一定要进行层级分类，这样可以突出主操作按钮，更好地引导用户操作。

通常根据按钮的重要性将按钮分为高权重、中权重和低权重3类，如图7-45所示。

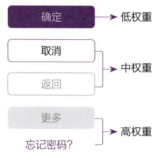

图7-45 按钮层级分类

（1）高权重：带有填充色的主操作按钮，当同一个页面存在多个按钮时，只允许存在一个高权重（主操作）按钮。

（2）中权重：带边框轮廓的按钮，同一个页面可存在多个中权重的按钮。

（3）低权重：纯文本按钮、浅色填充加浅色文字的按钮，同一页面可存在多个低权重按钮。

图7-46（a）中的按钮主次操作层级不分明，图7-46（b）中进行了优化，权重层级明晰，对用户的引导性也很强。

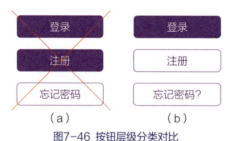

图7-46 按钮层级分类对比

7.5 微动效设计

微动效设计在UI/UX设计中占的份量越来越重，标签栏图标的微动效和界面部分交互内容的微动效都可以提升界面的精致程度和丰富性，即使只是微小的视觉提示或反馈，也能让产品更易于使用。但在实际微动效的设计过程中，要避免为了追求页面观感的炫酷而加入过于复杂和过多的动画，这样只会妨碍用户获取信息和操作，带来不好的用户体验。设计和开发适度的微动效可以提升用户体验，优化开发流程。

7.5.1 动效表达

UI/UX设计中的微动效属于功能性动效，与聚焦于提供娱乐体验的动画影片、游戏动效不同。功能性动效的设计必须有清晰的逻辑目的，聚焦于帮助用户理解当前所处的状态。

1. 设计原则

一个优秀的微动效在设计时应该遵循以下6个原则，如图7-47所示。

（1）舒适。微动效需要符合现实世界的物理属性，贴近用户的心智认知，使用户感知上舒适，同时兼具视觉美感。

（2）统一。同个产品内的微动效体验感知统一，体现在相同的控件微动效保持一致，相似的微动效编排一致。

（3）高效。高效响应并减少过长的位移和时间，使微动效触达不拖沓。

图7-47 微动效设计遵循的原则

（4）适度出现。在使用微动效时，要控制时长和出现的频率，不增加额外操作，不干扰用户。

（5）清晰聚焦。重点突出，符合交互逻辑，给予用户充足的阅读时间。

（6）自然流畅。保持视觉上的连续性，缓动过渡，要做到不卡顿、不闪屏、不跳跃。

2. 设计考量

为了确保微动效有清晰的用途并能完成设计目标，设计时需要考量以下几方面的问题，如图7-48所示。

图7-48 微动效设计需要考量的问题

（1）用户注意力。当微动效出现时，希望用户的注意力被吸引到哪里，哪里就是设计的重点，设计一定要聚焦到用户的关注点。

（2）微动效设计目标。最重要的是吸引用户注意，在设计时要思考是否需要用户一眼就注意到微动效，同时特定元素在不同状态间转换时要保持视觉连续性。如果当前状态已经处于用户注意范围内，设计时就要注意不同元素间的层级关系。

（3）出现频率适度。微动效在一次会话中出现的次数不能太多，一般不超过3次，1~2次为宜。

（4）微动效触发机制。一般情况下有用户操作直接触发和间接触发两种方式。直接触发是用户操作后即刻发生状态改变；间接触发是用户滚动页面滚动条时，触发新内容的加载动效。

3. 响应时间与持续时间

微动效的核心要素是时间，设计时需要考虑响应时间与持续时间，如图7-49所示。

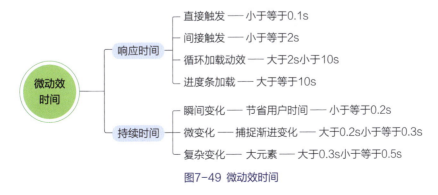

图7-49 微动效时间

（1）响应时间

响应时间是指从用户执行操作到反馈出现的时间间隔。触发机制不同，响应时间的限制也不同。罗伯特·米勒在《人机对话的响应时间》一书中提出，人体最快的潜意识动作，即一次眨眼的平均持续时间是100～150ms，100ms的间隔给人的感觉就是瞬间，所以理想情况下，用户应当在100ms内获得操作的反馈。如果响应时间大于2s，就要进行图7-50所示的相应的循环加载和进度条动效等的设计。用户执行完操作后，系统如果不能及时给出相应的反馈提示，就会让用户不能确定自己的操作是否被执行、执行是否成功等，任何一个环节都有可能影响到产品的用户体验。

图7-50 不同响应时间对应的不同设计

值得注意的是：一般情况下，当反馈时间为2~9s时，使用循环的加载样式；当反馈时间超过10s时，要使用带有进度指示的加载样式。

（2）持续时间

微动效的持续时间不宜过长，以避免浪费用户时间，影响用户的阅读和操作效率，其持续时间一般不超过500ms（加载动效除外）。持续时间根据时间长短可分为瞬间变化（小于等于200ms）、微变化（大于200ms且小于等于300ms）和复杂变化（大于300ms且小于等于500ms），如图7-51所示。

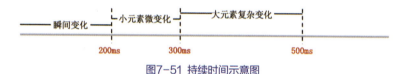

图7-51 持续时间示意图

较快的微动效容易吸引用户注意力，也更节省时间。若微动效元素在用户的视线之外，则为了吸引用户注意，可使用在短时间内变化较大的微动效（如发生位置变化和速率改变）；若微动效元素已经在用户的注意范围内，则为了保持视觉连续性，完成必要的过渡（如渐隐渐现）后才能结束。若微动效不是用户直接触发的，并且不希望用户注意力被转移，则可使用在长时间内变化较小的微动效（一般不会出现位置变化）。出场动效一般比入场动效更快，在设计时可给予一个时间差，这是因为入场时用户一般需要阅读并处理新出现的信息，而出场通常表明用户任务已完成，不需要再关注了，快速出场能够帮助用户节省更多时间。

4. 常用的微动效类型

不论是在移动设计中还是在B/S系统设计中，最容易实现且能保证性能的微动效一般都发生在对象的颜色（Color）、位置（Position）、大小（Scale）、旋转（Rotation）、透明度（Opacity）5种属性的变化上。当任意一种或几种属性能达到微动效的目的时，无须再设置其他不必要属性的微动效，以免影响微动效的流畅度和用户体验感。根据对象属性的变化一般将微动效属性变化分为线性变化和曲线变化两种，如图7-52所示。

（1）线性变化

线性变化具有匀速和骤停两个特

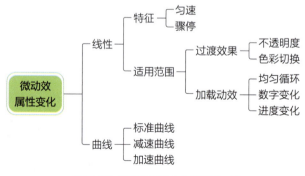

图7-52 微动效属性变化的两种形式

征，变化过程稳定、有规律。例如，常见的渐隐渐显动效、颜色变化动效、加载时的均匀循环动效、均匀的数值变化动效和均匀的进度条加载变化动效等都属于线性变化，如图7-53所示。

图7-53　线性变化

渐隐渐现主要是不透明度的变化，例如，不透明度从100%→10%→100%是一个稳定循环的过程，或者是渐隐（100%→0%）、渐显（0%→100%）。颜色切换也是一个稳定循环的过程，例如，一个黄色的a标签，当触摸a标签时，它变成绿色，当触摸b标签时，a标签恢复为黄色。

（2）曲线变化

曲线变化包含多种类型，在微动效设计中，缓动曲线应用范围最广泛，效果最自然，对用户的干扰也相对较小。不同于线性变化，它不是一个均匀变化的动效，一般分为标准曲线（ease-in-out）、减速曲线（ease-out）和加速曲线（ease-in）3种。

①标准曲线是最常见的缓动曲线，适用于对象或元素的位置变化，是由慢加速到快再到缓慢减速的过程。动效中的加速和减速应该平滑，以免显得呆板，加速和减速不对称，微动效会更自然，如图7-54所示。在图7-55和图7-56中，对象或元素在两点之间沿着自然弧线运动，所有屏幕内的移动都遵循标准曲线。

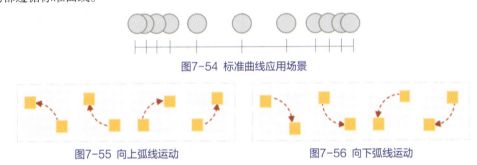

图7-54　标准曲线应用场景

图7-55　向上弧线运动　　　　　图7-56　向下弧线运动

②减速曲线。适用于对象或元素的入场动效，全速进入屏幕，然后缓慢减速到目标位置，坚持"慢入"的原则，如图7-57所示。

③加速曲线。适用于对象或元素的出场动效，坚持"快出"的原则，如图7-58所示。

图7-57　减速曲线应用场景　　　　图7-58　加速曲线应用场景

5. 常用微动效的应用场景

（1）即时反馈

即时反馈是指用户在完成某个动作时，系统及时提供的高效快速的反馈，如缩放、闪烁、色彩变化等。在图7-59中，用户点击控件前后控件样式变化的微动效就是及时给用户的反馈，表明可以输入用户名了。

图7-59　即时反馈

（2）互动

互动是指用户操作某些对象或元素时，被操作对象或元素能参与其中进行互动，从而营造出良好的交互环境，如图7-60所示。

图7-60 互动微动效演示

（3）正在发生的事情

正在发生的事情是指用户提交某项操作时，系统即时显示相应的进度，让用户有一定的心里预期，时刻让用户知道正在发生着什么。在图7-61中，提交操作的3个过程通过微动效展示了出来。

图7-61 用微动效展示提交操作过程

（4）提升用户体验

为了让用户有更好的产品体验，常见的微动效在设计的过程中要站在用户的角度思考，在仅有的屏幕范围内，可以通过增加可见区域、减少用户滑动次数来创造沉浸式的浏览体验。在图7-62中，在滑动屏幕时，导航栏和标签栏的消失增加了内容可见区域。

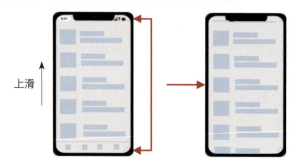

图7-62 上滑微动效演示

（5）引导关注

好的微动效能让用户很清楚地知道交互的层级，通过引导用户关注的方式清楚地表明该微动效的作用，以及该操作的来龙去脉。简单来说就是给用户一个交互的提示，这种微动效在设计中非常常见。

7.5.2 交互引导

随着互联网产品的不断发展，精细化设计越来越受到重视，而精细化设计的切入点之一就是微动效，其交互引导方式也有很多种。

1. 动态头像/图标

动态形象可以提高关注度，现在很多社区类产品都需要热闹的氛围，让用户嗨起来，而营造热闹的氛围其中一个很常用的设计方法就是使用微动效，这时头像就是很好的发挥点。这需要在设计时让头像本身支持GIF动态图。例如，图7-63所示的淘宝和当当的金刚区就有很多动态图标，起到交互引导的作用。

图7-63 动态图标引导

2. 动态表情

利用动态表情可以提高关注度，使设计更加生动有趣，例如，图7-64所示的调皮可爱的黏土造型，图7-65所示的抽象线条造型。

图7-64 黏土造型

图7-65 抽象线条造型

3. 动态Banner

内容类产品大多都会使用动态Banner图，因为静态的Banner图已经无法满足用户的新鲜感了。一般动态Banner的内容以推新宣传居多，也会介绍产品或推广活动等。图7-66所示的学习强国首页Banner和图7-67所示的当当首页Banner就是以宣传活动和产品为主。

图7-66 学习强国首页Banner

图7-67 当当首页Banner

4. 动态按钮

动态极光风效果设计是近些年在 UI 设计中较为流行的趋势，不仅可以丰富视觉表现，还能使产品设计更加年轻化，被广泛运用于背景装饰、卡片式装饰、弹窗设计、图标设计、按钮设计等场景中。动态极光风按钮更能吸引用户点击，给用户有效的交互引导，如图7-68所示。

图7-68 动态极光风按钮

5. 动态引导

新功能或者重点功能在设计时都会进行引导式设计，提高用户的关注度。除了通过增强设计的视觉化，动态的引导设计也是不错的选择。图7-69所示的优酷App为了提高用户发布视频的参与度，在用户每次新进一个页面时都会以动态形式弹出引导设计，提示用户"抓住你的创作灵感"，青春活泼的视觉风格和动效的双重强化，在提高用户关注度的同时，也增强了用户的感官体验。

图7-69 优酷动态引导展示

7.6 设计执行

设计执行是互联网产品视觉设计中非常重要的一个过程。这个阶段的重点任务是将主要核心界面设计完成时定下来的视觉语言、控件样式、界面排版、交互效果等关于产品属性的一切，延续至产品所有界面及所有交互机制中，从而达到产品由内而外的视觉统一、交互统一、情绪统一和体验统一。用户在看到产品Logo的那一刻，就已经感受到产品的气质，所以一款产品从Logo设计开始就已经在考虑用户的直观感受了。随着用户点击图标打开应用程序，看到首页，寻找他所要的功能，带着他的目的去检索每个界面时，带给用户的所有好坏感受全部来自执行阶段是否将产品"DNA"延续得当。

7.6.1 对接开发者

1. 为什么要对接开发者

UI设计师在执行阶段，最重要的、最花费时间和精力的工作是对接开发者。由于开发者在将设计图变为可实际使用的App的过程中，执行逻辑与设计师的截然不同，设计师与开发者之间必须统一沟通机制。

最主要的对接目标是要满足如下两个基本的点。

（1）让开发者弄清楚设计师的交互设计需求。

（2）让开发者严格遵循设计师的界面设计要素（颜色、尺寸、间距、字体等）要求。

2. 如何对接开发者

在实际项目的执行过程中，可以使用以下方法对接开发者。

（1）极其简单的小改动可以直接和开发者口述。稍微复杂一点的改动，可以先和开发者沟通，并在开会的现场演示，或者提供规范文档（产品设计规范手册）。

（2）协助开发者做好切图标注工作。无论设计时使用的是Photoshop、Sketch还是Adobe XD这种专业UI软件，都需要使用第三方插件对设计稿进行标注，例如，使用像素大厨（图7-70左）、马克鳗（图7-70中）、Sketch Measure（图7-70右）等。

最佳的方式是使用在线设计软件MasterGo、Figma，其中MasterGo结合在线协同软件蓝湖（如图7-71～图7-73所示），可以实现产品、设计、研发3个岗位工作流程的无缝衔接，并为设计师省去切图标注工作，大大节省设计师的执行成本，以及设计师与开发者之间的沟通成本。

图7-70 设计稿标注软件

图7-71 在线设计软件

图7-72 MasterGo在线设计界面

在使用时，只需将在MasterGo中设计好的界面通过插件上传至蓝湖软件，就可以在线查看标注，点击任意元素即可查看标注信息；还可以一键下载切图，支持 JPG、PNG、SVG、WebP等格式；还能自动生成CSS、iOS 和 Android 代码，使用起来非常方便。

图7-73 蓝湖在线设计界面

值得注意的是，由于项目属性不同，不是所有项目都适用在线设计软件，例如，某些保密级别比较高的设计任务，为了防止泄密，企业会要求设计师不得使用在线设计软件。此时，设计师需要回归原始的设计工作流程，进行比较烦琐的标注切图工作。

7.6.2 产品设计规范手册

1. 为什么需要产品设计规范手册

（1）什么是产品设计规范手册

产品设计规范手册也叫产品设计规范文档，对产品的设计和体验进行了系统性的整理和约定，包括产品使用的颜色、字体字号、控件样式、布局样式等。这份文档对之后的产品更新迭代可以起到一定的指导作用。

（2）编写规范的作用

对于设计师而言：为后续版本迭代和多人协作提供指导，保持产品的统一性。

对于开发者而言：提供标准化的组件样式，减少重复开发时间。

（3）编写阶段

设计规范并不是在设计产品之前产生的，而是产品设计到了一定阶段，才会开始撰写。通常是主界面完成后，大约到产品设计总进度的50%，就可以考虑整理编写设计规范了。

2. 切图与标注

在线协同软件可以自动完成切图与标注两项工作。使用在线协同软件，开发者可以自主获取设计师的部件切图和界面标注。

以下简要讲解在图7-74所示的传统工作流程中是如何标注与切图的。

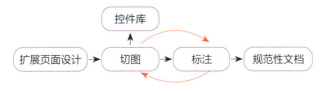

图7-74 传统工作流程

（1）界面标注

界面设计效果最终确认之后，首先是标注界面，要分步骤将界面各部分尺寸标注清楚，界面一般分为头部区域、中间区域、底部区域，如图7-75所示。

头部区域为状态栏和标题栏，标注控件间距；中间区域统称为内容区域，承载着一款App中80%的内容和操作，也是形式最为丰富的区域，重点标注行高、空间间距、控件样式、控件在界面中的相对位置或绝对位置，以及内容文字的字体/色号/样式等信息；底部区域通常为App的主要模块，标注图标间距、大小。界面各区域的标准示范如图7-76所示。

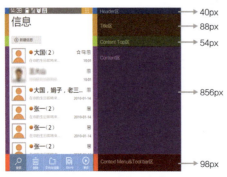

图7-75 界面标注示范

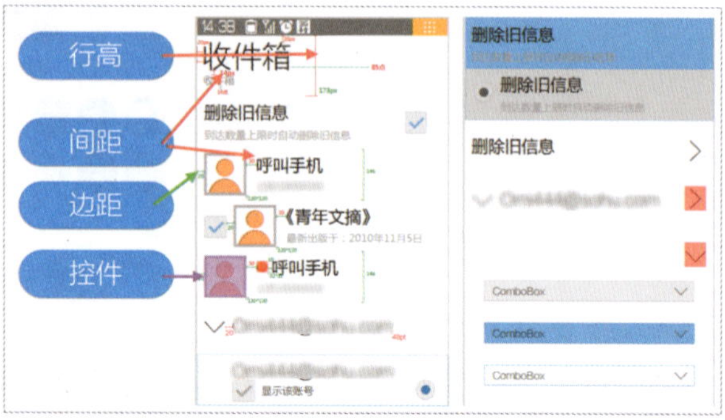

图7-76 各区域标注示范

值得注意的是，标注工作为避免重复，针对关键界面及典型界面标注中通用性的部分，在后续所有界面中，只要未出现新的布局样式或控件，则无须再标注。

（2）控件切图

切图是为了将界面中可以点击的部分单独存储为元素，供开发者编辑界面时调用。由于在开发者视角下，控件是动态的，所以在切图之前，要将可操作控件的所有状态展示出来。例如，移动端常见的按钮控件必须具备3种状态，即"默认"（Normal）、"按下"（Down）、"禁用"（Disable）。这3种状态分别用于显示在用户没有操作、手指触摸或点按时和系统判定当前不允许操作的情况，如图7-77所示。

图7-77 移动端按钮控件的3种状态

值得注意的是，在PC端的按钮还要多一个鼠标指针划过的状态"划过"（Across）。控件状态较多，读者可以到苹果或Android官网查询开发者规范，这里不做详尽展示。

3. 交付开发者

在上面的学习中，我们可以知道设计师在执行阶段标注了大量的控件，切出来许多单独的元素，因此必须整理成文档，才能方便开发者和其他设计师查阅，规范手册就应运而生了。规范手册通常以PNG图片格式粘贴在Word或PPT中并导出成PDF进行交付。

设计的最终阶段，一定要和开发者"沟通"，完成最后一项工作——"切图"。在实际项目执行过程中，如果遇到会使用设计软件的开发者，设计师来不及切图，则可以直接给开发者视觉设计的Photoshop源文件。设计师要是有足够的时间，也可以和开发者面对面沟通，开发者会告诉设计师要把图切成什么样，哪些部分一起、哪些部分分开、切成什么格式等。对于开发者来说，切图最重要的是高效。

4. 产品设计规范手册内容

一般来说，每个企业都有自己的梳理方式，有些企业也会很据项目的不同，使用不同的编写方法。总结后，产品设计规范手册内容大致包括但不限于以下6项。

（1）标准色。产品用色、字体用色、背景用色、分割线用色等，以及各种色值的使用场景。

（2）标准字。字体、字号、字间距、行间距等，以及各类使用场景。

（3）图标。图标大小、位置、样式等，以及各类使用场景。

（4）公用控件。分级导航样式、标题栏样式、输入框、弹窗、按钮、列表、toast组件、加载、loading、空白页等各类可作为设计规范的控件。

（5）布局。页面布局样式。

（6）模块。功能模块样式。

产品设计规范手册的目录示范如图7-78所示，基本所有的设计规范文档都包含但不限于图中所述内容。

目录

01 / 文字尺寸 Font	11 / 浮动菜单 Tear-Off Menu	21.1-21.3 / 输入框 Text Filed
02.1-02.5 / 颜色 Color	12 / 分享控件 Share Controls	22.1-22.3 / 弹窗 Alerts
03 / 加载与刷新 Loading&Freshen	13 / 小气泡 Toasts	23 / 城市选择 City Location
04.1-04.2 / 常用间距 Common Spacing	14 / 公告 Announcements	24 / 地区选择 City Location
05 / 导航栏 Frame Layer	15 / 临时告知 Temporary Inform	25.1-25.4 / 异常提示 Abnormal Prompt
06 / 搜索栏 Search Bars	16 / 主按钮 Bottons	26 / 进度条 Progress Bar
07 / 标签栏 Tab Bars	17 / 次按钮 Bottons	27 / 结果页 Result page
08 / 分段控件 Tab Bars	18 / 辅助按钮 Bottons	
09 / 动作菜单 Action Sheets	19 / 其他按钮状态 Bottons	
10 / 选择器 Action Sheet Pickers	20.1-20.9 / 表单 Table Views	

图7-78 产品设计规范手册的目录示范

7.6.3 项目走查

项目走查阶段是产品研发完毕、发布上线前的最后一步，这个时期最重要的不是再去纠结视觉或者功能上的可左可右的问题，因为设计已经定了，此时的核心关键点是如何确保产品在真实环境下准确可用，无严重的Bug。

1. 功能走查

功能走查的重点内容如图7-79所示（以邮箱产品设计功能走查为例）。

（1）运行环境。不同软硬环境下产品的表现。

（2）流程路径控件表现。入口、页面、前进和后退、提示信息等的表现。

（3）用户操作。鼠标、手势、键盘、其他（Touch Bar、触控板、语音等）的表现。

从图7-79可以看出，功能走查非常看重检查用户实际使用时可能面对的问题，尤其是不同环境下各种错误或分支情况的预判和反馈是否充分、整体可操作性是否符合预期等。通常来说，项目走查通过后，产品才能最终发布上线，并接受真实用户的检验。

邮箱产品设计功能走查				
设计分析			☐	用户场景、业务逻辑、真实需求、问题定义、解决思路是否清晰
运动环境	硬件环境		☐	手机/iPad:iPad 分屏、横竖屏切换、存储空间/SD 卡。PC/Mac:屏幕尺寸(小屏幕效果)、分辨率(Retina 屏/普通屏)
	软件环境	网络特性	☐	无网络/Wi-Fi/移动网络、是否使用网络代理
		系统版本	☐	不同版本的功能支持差异、低版本兼容、新老版本共存、品牌定制系统(安卓)
		系统设置	☐	语言环境(中英文)、系统通知(开关/样式)、TouchID/FaceID 系统权限(通知、通讯录、相册、相机、网络等)
		系统控件	☐	Mac:Dock 栏(状态、菜单)、菜单栏(设计整体窗口时考虑)、工具栏图标.PC:任务栏(显示、操作、菜单)、最小化托盘(显示、操作、菜单).其他:通知中心、Widget/桌面工具、锁屏界面、桌面快捷方式等
	邮箱协议与账号	大师号	☐	登录/未登录、邮箱启用/未启用、启用邮箱页面(涉及账号的功能)
		邮箱协议	☐	IMAP、POP3、Exchange、私有协议
		内/外域	☐	Gmail/Yahoo/Hotmail Oauth 授权、iCloud 授权、QQ 独立密码/QQ 破解(涉及登录的功能)
		文件夹	☐	草稿箱、发件箱、已发送、广告/垃圾、已删除(涉及列表的功能)
		单/多账号	☐	快捷文件夹
流程路径控件表现	入口		☐	是否有其他场景可抵达此流程，包括通知、引导、快捷方式、相关页面、其他程序调用等
	页面	内容结构	☐	是否有用户需要的内容（说明、操作、推广信息等）、层次分明、布局规范
		状态	☐	默认态、空态、极限状态、阅读状态/编辑状态
		文案	☐	清晰准确、统一、中英文翻译、是否支持操作、是否有文案过长的情况
		控件 列表	☐	单选/多选、单封邮件/会话/推广/聚合、筛选、搜索、往来邮件加载策略(手动/自动)、加载时机和规则、成功/失败表现
		控件 按钮	☐	默认状态、hover状态、经过状态、点击状态、提交状态、加载状态
		控件 输入框	☐	是否有提示文字、是否自动填写、输入条件校验、输入空格的处理、错误提示、键盘类型
	前进		☐	转场动效、打开方式(当前页面刷新/新标签打开)
	后退		☐	Loading 表现、过程中其他控件的表现、超时是否支持取消、成功/失败的表现
			☐	是否支持取消或离开当前界面进入其他流程、是否需要二次确认、是否支持保存数据后返回再进入、是否支持崩溃再进入
	提示	错误提示	☐	失败原因:断网/超时/服务器错误/网络切换/账号失效等错误提示表现(图形/文案)、后续操作
		引导提示	☐	帮助用户使用、介绍新版本、显示/隐藏条件、多种提示优先级（闪电邮引导）重复提示处理重复操作
		反馈提示	☐	样式:状态切换、文字提示、toast、弹窗等
		通知提示	☐	支持的操作、点击进入的页面
	影响范围		☐	对其他页面、流程的表现有什么影响

图7-79 邮箱产品设计功能走查内容

邮箱产品设计功能走查			
用户操作	鼠标	☐	左键单击（按下、抬起）、左键双击、拖曳、鼠标滑过瞬间、右键单击（右键菜单配置）、响应区域
	手势	☐	滑动/点击/长按、缩放、3D Touch、安卓物理键、响应区域
	键盘	☐	快捷键(Ctrl、Shift、Alt)、Esc、Enter、Tab，方向键
	其他	☐	Touch Bar、触摸板、语音等
最后思考		☐	优化空间：界面/流程是否可以再优化、层级是否可以再精简
		☐	是否可复用已有控件、新界面的可复用性(交互稿母版整理)
		☐	数据埋点

图7-79 邮箱产品设计功能走查内容（续）

2. 视觉走查

在视觉走查过程中，视觉部分不容易用文字描述。通常情况下，设计师会将发现的问题进行分析，判定发现的问题是设计阶段存在的还是开发者执行不到位，然后以PPT的形式及时汇报，在图中标示出问题点，以及修改目标和原因（见图7-80），并以邮件形式督促相关人员及时修复。由

图7-80 视觉走查示范

于本阶段属于最关键的时刻——产品即将发布上线，所以通常情况下，走查报告文档会快速迭代，需要标清楚哪些问题已经修复，哪些是新增的问题。

走查修复结束后，还有一个完整复查阶段。这时，产品应该在各个方面都没有明显问题。复查阶段起到最终评审的作用，评审通过后，就标志着整个项目研发阶段结束，正式进入迭代期。

7.7 习题

 思考题

1. 视觉设计时，为什么需要情绪板？
2. 简述情绪板制作6步法。
3. 视觉设计时使用色彩应注意哪些问题？
4. 中性色板在实际应用中用在哪些场合？如何应用？举例说明。
5. 控件样式设计有哪几种风格？举例说明。
6. 什么是金刚区？金刚区的作用是什么？
7. 金刚区有哪些设计样式？举例说明。
8. 按钮设计常见的问题有哪些？举例说明。
9. 按钮是如何进行权重分类的？
10. 移动设计中为什么要加入微动效？微动效设计遵循的原则有哪些？
11. 举例说明响应时间和持续时间在设计时的应用。
12. 产品在设计执行阶段为什么要对接开发者？
13. 产品在设计执行阶段为什么需要产品设计规范手册？

实践题

1. 根据自己小组的选题，按照情绪板制作6步法制作产品情绪板。
2. 根据自己小组的选题，进行产品视觉设计。
3. 根据自己小组的选题，选择自己熟悉的软件对设计稿进行界面标注和切图，并输出。

第 **8** 章

互联网产品设计案例

本章引入真实的互联网产品设计案例，帮助读者更好地理解和应用所学的知识。

8.1　项目基本信息

项目名称：《熊猫医生》App。
项目组成员：高毅、徐强。

8.2　项目分析

8.2.1　行业背景 🔍

早期医疗健康行业的Web端产品受限于技术、资源以及市场认知等条件，主要以信息查询、咨询等为主。以2010年为分界线，我国互联网用户从Web端向移动端大规模迁移，同时也塑造了新的业务形态，对于医疗健康行业而言，众多O2O类型项目诞生。随着我国互联网行业的发展，医疗健康行业不断细分，用户需求从大而全转变为细分和专业，从解决问题发展为要求体验和服务品质，如图8-1所示。

图8-1　行业发展趋势

随着该行业市场的日趋成熟，在大健康领域争夺市场份额和资源的竞品越来越多，竞争日趋激烈，该行业已经进入产业细分、巨头介入并整合资源的阶段，但互联网巨头和资本都没有立即进入行业头部梯队，大健康领域仍有后来居上的新玩家。

我国用户从线下向线上迁移，从Web端向移动端跃迁，在这个过程中，以移动网络下的场景体验、碎片化时间利用等为核心的医疗类App仍有机会和空间。

市场规模的变化来源于我国人口结构的变化，随着国力的提升和人口结构的变化，未来我国将面对需求细分、用户分层的市场（消费能力和消费习惯分层），大而全和小而美都无法真正迎合用户深层次需求，对于不同的用户和需求场景，到底哪些方向更加利好仍有待挖掘。

8.2.2　用户需求分析 🔍

1. 用户分析

用户分析如图8-2所示。问诊类型的低频刚需产品，男女比例均衡，约为4∶6。日常养护、生活品质提升类的泛健康类型产品，女性用户占绝大多数。77.3%的人群为18~45岁的群体，也就是说，医疗类App的用户主要是年轻人。18~30岁的人群是医疗类App用户的中坚力量，他们是介于单身和已婚之间的婚恋群体，同时，这些用户很多都是高学历群体，这意味着他们将更理性和挑剔，在一定意义上，盲从大流和追逐巨头的趋势将小一些。

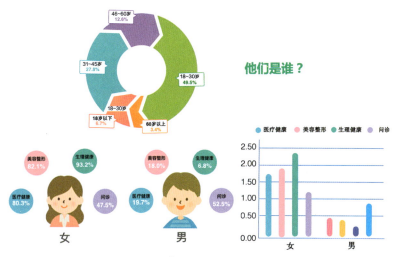

图8-2 用户分析

2. 医疗App分类

根据医疗类App的功能，可以将医疗类App分为8类，分别为预约挂号类、问诊类、医药服务类、导诊类、医疗健康类、医疗学术类、疾病管理类、体检类。同时，清源火眼官方数据排名显示，在医疗类App TOP100中，预约挂号类App数量占比高达27.3%，其次是问诊类、导诊类和医药服务类，如图8-3所示。

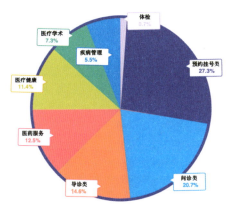

图8-3 医疗类App占比

3. 用户痛点

随着医疗类App逐渐渗透到人们的日常生活中，用户对医疗类App的期望值也在不断提高。比达咨询监测数据显示，80%以上的用户希望通过医疗类App来节省就医的经济和时间成本；75.3%的用户希望通过医疗类App匹配到最佳的医疗资源；66.4%的用户则期望医疗类App能进一步改善医患社交关系，如图8-4所示。

这种现象侧面说明，对于用户而言，在基础需求可以满足的前提条件下（医疗健康具有成熟的线下业务模式，能够覆盖到用户的所有泛健康需求），他们关注的核心是线上是否有更加便利、安全、

关键用户在功能之外的诉求

图8-4 用户痛点

高效的服务，以及更佳的服务体验。在付费意愿这方面，医疗健康领域预付一定费用用户也是可以接受的，但是线上付费提供的服务内容和标准暂无成熟的市场规范。

4. 用户对待健康的行为

从图8-5可以看出，愿意线上付费问诊的用户占比64%，其中愿意支付200元以下的用户占比74.77%。同时，医疗类App的使用人数在早上10：00左右迎来一个小高峰，下午14：00左右进入白天的低峰，随之开始上升，晚间21：00左右达到全天的高峰。

在有关健康的事情上，他们是怎样做的？

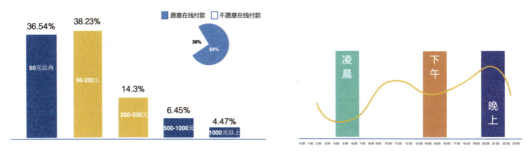

图8-5 用户对健康的认知程度

5. 总结

从上面的分析可以总结出，我们面对的将是年轻、高知、有判断力、挑剔且有一定付费意愿的用户群体。其中，女性用户将是"核心用户"。

同时，这个群体伴随互联网和移动互联网成长，有对新鲜事物的接收能力，愿意尝试，但同时因为接触的是新鲜事物，对于需求的表达不一定真实准确，用户心智仍不成熟，所以需要产品和服务来教育引导。

在健康相关问题上，用户的注意力聚焦在"解决问题"上，因此解决方案的成熟度、便利性、完整性将是用户关注的重点。

8.2.3 竞品分析

1. 竞品选择

根据已有产品，选择3个梯队的产品，第一梯队的亿万用户俱乐部、第二梯队的千万用户俱乐部和第三梯队的2018年保持持续增长的产品，如图8-6所示。

用户群体和解决方案有任意一项重叠的，就是跨类竞品，两项全都重叠，则是同类竞品。我们选取了大而全的问诊型产品、细分解决方案的产品和与我们有相同用户群体的产品作为分析对象。

图8-6 竞品梯度选择

2. 内容上的异同

竞品在内容上的对比具体如表8-1所示。

表8-1　竞品在内容上的对比

产品名称	内容
春雨医生	春雨（快速提问、找医生、症状自诊、快速购药、网络医院、春雨直播、快捷电话、图文急诊、名医咨询、体质测评、护士上门、试管名医、计步器、健康计划、姨妈助手、健康测评） 科普（热点、直播、讲堂、生活、男性、两性、辟谣、减肥、女性、母婴、美容、营养、情感、癌症、糖尿病） 我的咨询（当前咨询——快速提问、我的医生——去找医生、历史） 个人中心（我的金币、健康档案、开通会员、我的收藏、推荐给朋友、设置与帮助、春雨客服、意见反馈）
宝宝树	知识（签到、身高、体重、记录、计步赢钱、专家答、能不能吃、产检时、待产包、亲子音乐、妈妈看、添加工具、关爱提醒、今日知识、胎教音乐、问答、我要提问、推荐、关注、观点PK、拼团） 圈子（我加入的圈子、猜你喜欢、粉丝榜、最热、备孕、怀孕、育儿、美食、摄影、旅行、手工、时尚、情感） 商城（热门话题、推荐、关注、孕期、美食、美妆、育儿、穿搭、生活、拼团、儿童节、领卷、积分兑换、赚钱、孕产用品、孕妈洗护、孕妈服饰、全球购、纸尿裤、奶粉辅食、洗护用品、喂养用品、孕期洗护、孕产用品、美妆个护、家居百货、妈妈服饰、童装童鞋、玩具早教、食品保健、车床出行、鞋包配饰、轻奢） 精品课（开讲、专家答、快问医生、视频、专辑、热门开讲、知名专家、为你推荐） 专业定制（每日一款、宝宝树定制、宝宝树推荐、新品首发、人气推荐、品质生活、专题精选、猜你喜欢）
鲤鱼育儿	首页（母婴私人医生服务、测评提醒、精品阅读、时光记录） 测评（开始评测、体格发育评测、运动发育评测、语言发育评测） 发现（常见症状、常见疾病、育儿知识库、同龄病例、收藏夹、浏览历史） 服务（会员服务、最新会员咨询、最新专科医生咨询） 我的（账号资料、我的宝宝、数据管理、我的服务、推荐好友、通知中心、意见反馈、版本更新、设置）
丁香医生	首页（找医生、找药品、查疾病、医师讲堂、快速提问、热门、饮食健康、两性健康、孕产育儿、常见疾病、美容健身） 问诊（快速提问、找医生、皮肤性病、儿科、妇产科、泌尿外科、骨科、内分泌科、心血管内科、神经内科、消化内科、肾脏内科、美容整形科、药剂科、内科、眼科、精神心理科、肿瘤科、耳鼻咽喉头颈外科、风湿免疫科、全科、口腔科、呼吸内科、普通外科、心胸外科、神经外科、肝胆胰腺外科、胃肠肛肠外科、甲状腺乳腺外科、血液科、影像检验科、感染科、传染科、疼痛科、麻醉科、最新问答） 我的（我的问诊、购买的讲堂、购买的药品、工具箱、我的优惠、家庭成员、关注的医生）
育学园	首页（今日资讯、饮食辅导、发育记录、个人中心、消息） 发现（热点/关注、大家来讨论、小元宝日常、热推达人、竞选话题、同龄在说、推送） 记录（记录小贴士、统计、日历） 会员（会员权益、会员咨询、会员讲堂）
红孩子	分类（大家电、手机相机、电脑办公、厨卫大电、生活家电、海外购、居家生活、奶粉尿裤、食品酒水、苏宁生鲜、烹饪厨具、家装建材、运动户外、女装、女鞋、男装、男鞋、汽车生活、智能设备、珠宝首饰、美妆洗护、钟表眼镜、童装玩具、皮具箱包、内衣配饰、图书音像、苏宁极物、邮币乐器、医药馆、特色馆、苏宁金融、生活服务、苏宁房产）
复旦育儿	首页（预约挂号、排队候诊、门诊缴费、医院导航、科室专家、今日出诊、用药提醒、就诊指南、健康宣教） 动态（新闻公告、健康资讯、主题活动） 我的（我的预约、我的挂号、我的消息、就诊人、费用清单、报告查询、病历夹、收藏夹） 更多（常见问题、友情链接、设置、分享）

3. 模式和内容上的差异

竞品在模式和内容上的差异如图8-7所示。

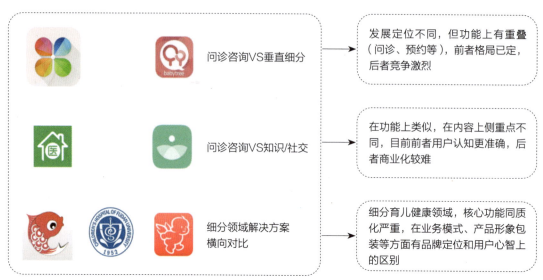

图8-7 竞品在模式和内容上的差异

4. 竞品功能和视觉分析

图8-8从产品特点、类型、软件介绍、优势、劣势、模式、Android下载量、使用人群、视觉风格9个方面对竞品功能和视觉进行分析。

产品名称	产品特点	类型	软件介绍	优势	劣势	模式	Android下载量	使用人群	视觉风格
春雨医生	3分钟完成回复的问诊就医App	安卓版苹果版PC端	春雨医生免费为用户提供了图文、语音、电话等多种方式的健康咨询，并由二甲、三甲公立医院主治医师以上资格的医生在3分钟内为用户进行专业解答	回复快，精准问诊，医生遍布全国，多场景问诊咨询		浏览 科普 我要咨询 春雨 详情、问答 提问	1.63亿	35~40岁	专业感强的极简设计
宝宝树	个性定制圈子交流特色工具孕育问答闪购特卖	安卓版苹果版PC端	宝宝树是一款为妈妈们准备的备孕育儿软件，在备孕、怀孕以及育儿阶段都可以使用。这里有专业的相关知识，妈妈们可以在这里提出自己的疑惑，让专业人士或者有经验的妈妈解答，也可以在这里购买东西	备孕、孕期、育儿3个阶段一个对策，圈子交流，3分钟内有问必答，具有母婴商城		浏览 商城 订购 社交 知识 专定 精品课 圈子 详情、问答	3.35亿	25~35岁	使用了一些低幼向风格插画

图8-8 竞品功能和视觉分析

产品名称	产品特点	类型	软件介绍	优势	劣势	模式	Android 下载量	使用人群	视觉风格
丁香医生	面向广大家庭免费提供药品信息查询、医学科普知识及日常安全用药辅助信息	安卓版 苹果版 PC端 iPad版	丁香医生App原名家庭用药助手App，丁香医生App是一款来自丁香园的医疗健康辅助工具，丁香医生App不仅向所有用户普及了医药知识，还向用户介绍各种常见疾病的医治方法和用药警示，是每一个有家庭的网友和懂得照顾自己和照顾家人的网友必备的软件	对症找药，服药安全警示，附近药店			2172.85万	31~40岁	专业感强、极简设计
育学园	丰富的育儿健康知识，新手妈妈的育儿指导；专家观点与妈妈实战妙招相结合；彻底解决妈妈的困惑和难题；易用好用的宝宝喂养记录软件	安卓版 苹果版 PC端 iPad版	育学园App最初是从微博开始，为崔玉涛医生个人微博，从妇产科相关问题开始，逐渐聚焦育儿健康类话题，当其获得一定用户积累后，进行专业化团队转型，推出育学园App。产品核心竞争力在于优质的专业内容和崔玉涛个人品牌	丰富的资讯、医生的个人品牌、形成了一定程度的热度			5378.66万	25~38岁	柔和、极简设计
鲤鱼育儿	科学记录、与同龄宝宝比一比、发育趋势、评估、育儿指南、成长分享、数据安全	安卓版 苹果版	鲤鱼育儿是一款婴儿成长记录App，鲤鱼育儿通过科学分析记录，把宝宝每天、每月、每年的发育情况实时反馈给家长，让家长知道自己的孩子每天的成长状况	低幼插画风格、大量评测记录内容、有一定程度的用户指导来提升操作体验			85.8万	25~35岁	浅暖色，大量使用手绘风格背景和内容，App界面显得杂乱
复旦育儿	集预约挂号、排队候诊、门诊出诊查询、报告查询等功能于一体	安卓版	复旦儿科App是一款健康医疗应用，是万达信息为复旦大学附属儿科医院打造的移动App。在这里用户可预约挂号、排队候诊，以及查询报告和门诊出诊信息等	复旦品牌影响力、专家影响力			80.1万	31~40岁	极简风格
红孩子	特卖正品、专业母婴购物商城，有9点开抢、聚实惠、客户端专享、海外易购等超值活动	安卓版	红孩子是一款专业母婴购物商城App，每天都会有9点开抢、聚实惠、客户端专享、海外易购等超值活动，价格实惠	电商标准化高，商品价格便宜、品类齐全			59.9万	25~35岁	典型的电商平台布局和风格

图8-8 竞品功能和视觉分析（续）

5. 总结

当下大健康领域各类竞品的战场主要是细分解决方案的领域，其他板块大多格局已定。细分人群类的产品同质化严重，用户体验和解决方案都有待完善和深挖。

8.2.4 产品定位

1. 产品分析

如果从产品类型和产品的生命周期两个维度观察，就会发现，当下我们的产品处在孵化期到成熟期过渡的阶段。在这个阶段中，核心策略是找到合适的定位和空间，因此我们可以快速迭代以找到焦点。

综上，我们在这个坐标系中把所有竞品的主要功能以标签的形式体现，将符合我们的功能保留，借鉴或者学习这些功能，如图8-9所示用红圈圈住的竞品。

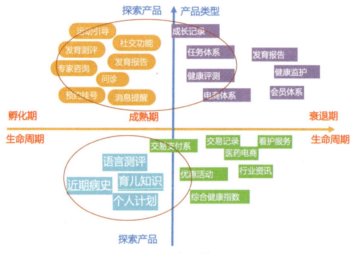

图8-9 竞品分析

2. SWOT分析

在对产品进行迭代设计前，对已有产品进行SWOT分析可知，我们产品的机遇应该在图8-10所示的红色模块部分。

（1）同类竞品完成了解决方案的初步搭建，但产品的复杂性和专业性导致用户体验较差，我们还有提升空间。

（2）同质化严重，可以通过塑造差异化，以便于用户记忆和识别。

（3）用户不知道自己要做什么的时候，可以加以引导。

3. 产品定位

作为孵化期向成熟期过渡的产品，核心目的是找寻适合自己生存的市场空间，并在此基础上明确自身的品牌定位，策略上要强化差异性，深挖用户价值，据此有如下产品定位。

（1）保留和借鉴已有的成熟细分育儿健康类产品功能。

（2）必须塑造差异化，哪怕是刻意为之。

（3）加强交互和易用性，考虑用户常用场景，构建符合该场景的产品功能路径（工作间隙碎片化时间、家庭时间、节假日等）。

（4）迎合关键用户的偏好和诉求（主要是女性群体）。

（5）加强用户黏性、提升用户使用频次、增加用户热度，以此为基础才能深挖用户价值。

S

1. 与行业竞品差异不大，这意味着他们有的，我们基本也有，起跑线一致。

2. 有一定的用户基础。

3. 有一定的线下资源和配套业务体系。

W

1. 差异化不明显，无法聚焦用户的注意力。

2. 缺少具有庞大的线上流量的合作伙伴或投资人。

1. 在用户体验上，这类专业属性较强的产品具有一定设计难度，大家都处于试错阶段，因此，对于我们来说仍有操作空间。

2. 竞品功能同质化严重，主要聚焦低频刚需，高频非刚需功能尚有挖掘空间。

3. 细分的育儿健康领域尚无存在绝对优势的竞品，因此行业标准未定，对于我们来说，用户心智和市场偏好仍有教育引导的空间。

1. 具有较大流量的相同用户群体的不同解决方案的间接竞品有更高的用户使用频次和黏性，随时有可能跨行业进入O2O服务领域（红孩子、妈妈帮之类的儿童电商产品）。

2. 直接竞品竞争激烈，相互模仿和超越时有发生，缺少行业壁垒。

O　　　　　　　　　　　　　　　　　　　　　**T**

8.3　项目设计篇

图8-10 SWOT分析

8.3.1　产品框架

用户端产品框架思维导图如图8-11所示，医生端产品框架思维导图如图8-12所示。

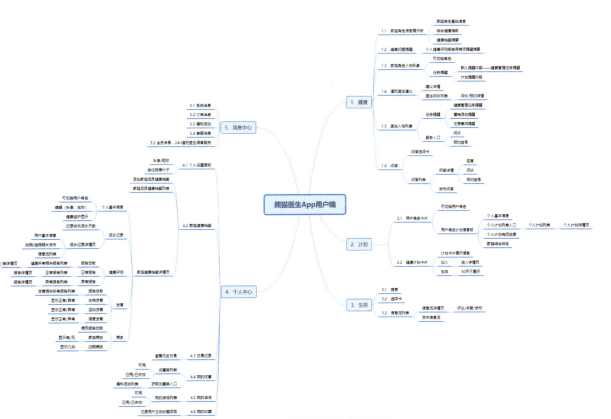

图8-11 用户端产品框架思维导图

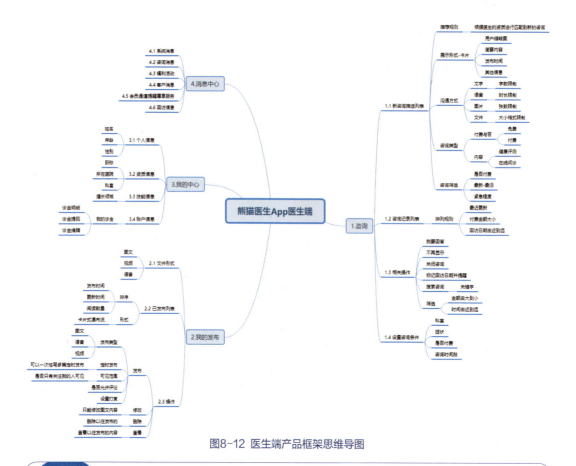

图8-12 医生端产品框架思维导图

8.3.2 主要业务流程

主要业务流程如图8-13所示。

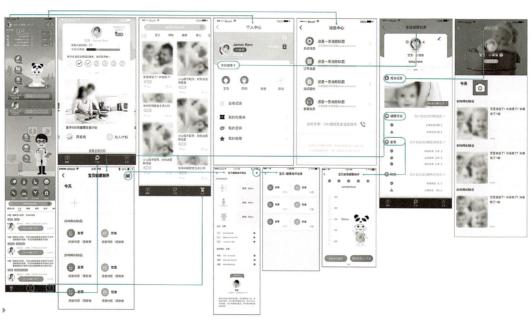

图8-13 主要业务流程

8.3.3　品牌定位及VI设计

1. 品牌定位

熊猫医生App品牌定位如图8-14所示。

2. 设计思路

熊猫医生App设计思路如图8-15所示。

3. VI视觉

熊猫医生App的VI视觉如图8-16所示。

4. 色彩提取

熊猫医生App的色彩提取如图8-17所示。

图8-14　品牌定位

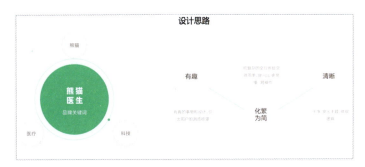

图8-15　设计思路

图8-16　VI视觉

图8-17　色彩提取

8.3.4　主视觉设计

1. 界面风格

熊猫医生App的界面风格如图8-18、图8-19所示。

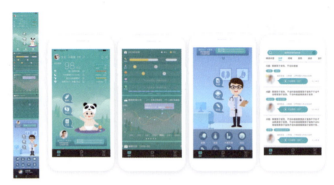

图8-18 风格一

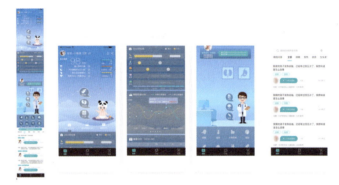

图8-19 风格二

2. 人物形象设计

熊猫医生App的3组人物形象设计如图8-20所示。

图8-20 3组人物风格设计

3. 背景插画设计

熊猫医生App的背景插图设计如图8-21所示。

图8-21 背景插画设计效果图

8.3.5 主要业务流程功能演示

主要业务流程功能演示如图8-22～图8-34所示。

用户角色个人信息摘要，点击进入个人中心

用户角色个人健康信息，来自健康测评报告摘要

用户角色人物形象，根据用户的行为数据进行"任务提醒"

App主菜单，分为3个页签："健康""计划"和"生活"

消息提醒和转发

健康数据异常提示板，点击可进入个人健康档案、相关健康异常数据详情页

健康详情信息板块，点击可展开

根据当前用户健康信息，由"值班医生"发出健康建议或操作提醒

用户加入的健康计划中，最近24小时的任务提示板，点击跳转到计划详情页

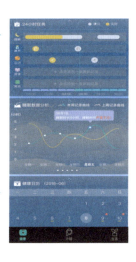

近一个月内，宝宝的睡眠记录板，点击跳转到个人健康档案睡眠记录详情页

近一个月内的健康日历，体现用户个人健康档案中近期的健康事件或报告，点击跳转到个人健康档案详情页

图8-22 主要业务流程功能演示—健康

"任务提醒"借动画人物之口说出，用户点击不同的"气泡"则进入相关操作的详情页

"任务"类型如下。
1. 针对该角色的健康行为建议的系统模板（如宝贝角色，其任务提醒为定时的喂养提醒、运动或评测记录的提醒等；如孕妇，则是运动提醒、孕期检查提醒，或饮食避忌提醒等；若是宝爸宝妈，则是针对成人的作息规律、烟酒避忌等提醒）。
2. 用户加入相关计划的提醒。
3. 运营提醒（如营销活动提醒、近期某地区传染病预警等增加用户黏性的提醒内容）

人物形象可切换为"宝贝""宝爸""宝妈"，每个人物形象会根据系统数据呈现不同的造型、表情和皮肤等（如用户录入了宝贝角色信息，将会根据年龄、性别、近期是否有健康、异常或疾病等信息生成相应的人物形象和任务）

当用户首次下载安装、进入App时，人物形象为"熊猫小盼"，它将引导用户进行基础信息的完善。当有平台活动福利时，用户开机首先会是"熊猫小盼"的形象，引导用户领取福利参与活动，点击查看或关闭后，该形象切换回用户自己录入的角色。之后用户也可以选择切换为"熊猫小盼"的角色，该角色会推送平台公告等提醒内容

图8-23 主要业务流程功能演示—健康—人物形象

因为是上下滚动页面，页面元素上下会稍微露出一点，提示页面没有完，以此引导用户向下滑动浏览内容

根据当前用户健康信息，由"值班医生"发出健康建议或操作提醒

医生形象的"任务提醒"主要内容是长期或高频的健康医疗相关功能入口（如定期的测评、推荐的健康计划等），医生形象会随机切换成不同形象（如男医生、女医生、老医生等）

问诊选项卡，点击进入该标签下的问诊列表

图8-24 主要业务流程功能演示—健康—问诊

医生形象的"任务提醒"主要内容是长期或高频的健康医疗相关功能入口（如定期的测评、推荐的健康计划等）

医生形象会随机切换成不同形象（如男医生、女医生、老医生等）

图8-25 主要业务流程功能演示—健康—第二分页—医生人物形象提醒

问诊信息搜索栏

问诊列表

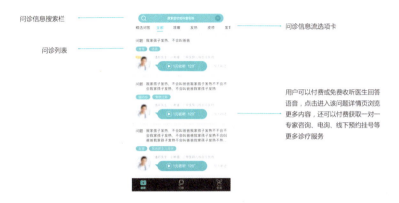

问诊信息流选项卡

用户可以付费或免费收听医生回答
语音，点击进入该问题详情页浏览
更多内容，还可以付费获取一对一
专家咨询、电询、线下预约挂号等
更多诊疗服务

图8-26　主要业务流程功能演示—健康—第三分页—问诊

返回健康页（首页）

客服消息，点击进入客
服对话窗口

服务说明，不可点击

系统消息、订单消息和活动消
息，点击进入该消息类型列表页

会员专享的值班医生语音服务，点
击可连接值班医生的语音频道

图8-27　主要业务流程功能演示—健康—消息中心

可返回健康页（首页）
用户信息面板

家庭成员角色的健康卡片，
点击进入角色对应的个人健
康档案页面

查看交易记录

可进行个人设置
可进入积分任务列表

系统默认3个角色：宝宝、
宝妈、宝爸。用户可以根据
自己的需求自定义添加其他
家庭角色

查看优惠券、咨询项目和收
藏话题等信息

图8-28　主要业务流程功能演示—健康—个人中心

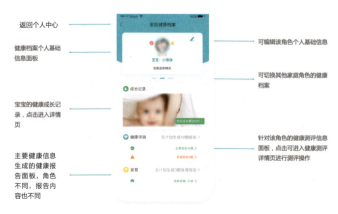

返回个人中心

健康档案个人基础
信息面板

宝宝的健康成长记
录，点击进入详情
页

主要健康信息
生成的健康报
告面板，角色
不同，报告内
容也不同

可编辑该角色个人基础信息

可切换其他家庭角色的健康
档案

针对该角色的健康测评信息
面板，点击可进入健康测评
详情页进行测评操作

图8-29 主要业务流程功能演示—健康—个人中心—家庭健康档案

返回家庭健康档
案页面

按日期排序曾进
行的健康测评所
生成的报告

可通过日历快速
查询相应时间的
报告

选择要录入的测
评内容

图8-30 主要业务流程功能演示—健康—个人中心—家庭健康档案—健康测评1

返回家庭健康测
评页面

测评内容面板，
点击可进入测评
详情页

添加测评记录

测评内容详情
页，可编辑保
存，保存后系统
将根据测评结果
生成相关报告

图8-31 主要业务流程功能演示—健康—个人中心—家庭健康档案—健康测评2

返回家庭健康档案页面

宝贝个人基础信息面板

添加一个成长记录

记录成长的历史轨迹，点击进入该日期的记录详情页，并可以转发或发布到生活页面的信息流中

图8-32 主要业务流程功能演示—健康—个人中心—家庭健康档案—成长记录

计划页面的用户角色基础信息面板，滑动可切换用户角色，同时切换对应的计划卡片

本月当前加入计划的一周完成情况一览

用户可加入一个计划，或选择放弃一个计划，若放弃，则30天不再弹出该计划

今日完成计划的进度展示，点击可进入今日任务详情页

计划卡片，针对不同角色推荐不同的计划类型，左右滑动可切换选择，点击卡片进入该计划详情页

点击进入计划列表，查看全部计划

图8-33 主要业务流程功能演示—计划

生活页面的信息流搜索框

信息流列表、用户端用户、医生端用户、后台运营者皆可编辑图文、语音、视频等各类型信息流。内容发布后，展示在用户端生活页面中，其中，固定栏目可以以选项卡的形式固定下来，也可以在信息流中插入不同样式

信息流选项卡

图8-34 主要业务流程功能演示—生活

8.3.6 设计规范和标准

1. 标准色和标准字体

标准色和标准字体如图8-35所示。

图8-35 标准色和标准字体

2. 图标规范

图标规范如图8-36所示。

图8-36 图标规范

3. 列表、弹窗等规范

列表、弹窗等规范如图8-37所示。

4. 布局规范

布局规范如图8-38所示。

图8-37 列表、弹窗等规范

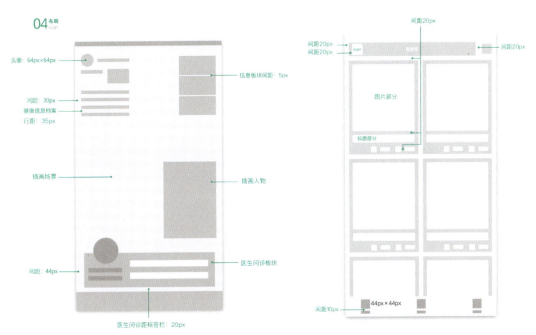

图8-38 布局规范

8.4 习题

 思考题 ▶ ▶ ▶

1. 互联网产品设计的流程是怎样的？
2. 进行互联网产品设计时，为什么首先要进行行业背景分析？
3. 进行互联网产品设计时，为什么要进行SWOT分析？

实践题 ▶ ▶ ▶

根据自己小组的产品选题，依据本章案例的规范要求完善产品设计。

第 **9** 章
互联网产品
设计行业的
发展与未来

以2023年第一季度为节点，纵观国内整个产品设计行业，新形式App、小程序、新兴业务类型不断涌出，人工智能（Artificial Intelligence，AI）技术的应用有了突破性进展。2023年3月15日，ChatGPT4.0发布，它的语言理解和生成能力都超过了ChatGPT3.5，可以解答更复杂的问题、描述并理解图片、辨识图形图像、理解图片后用文字叙述图片、分析解释表格等。它强大的执行效率，以及比肩人类的思维能力，在世界范围内引起轩然大波，使众多行业从业者开始真正感到焦虑，担心自己的工作是否很快会被AI替代。作为互联网行业设计师，如何应对AI的迅猛发展？本书作者之一，资深互联网产品用户体验设计师徐强，特别请教"草庐科技"创始人、知名互联网产品咨询师高毅后，撰写了本章。以下从平台载体、产业技术、从业者属性3个方面全面剖析行业发展方向，希望未来设计师们能更加从容地面对技术颠覆性发展的时代。

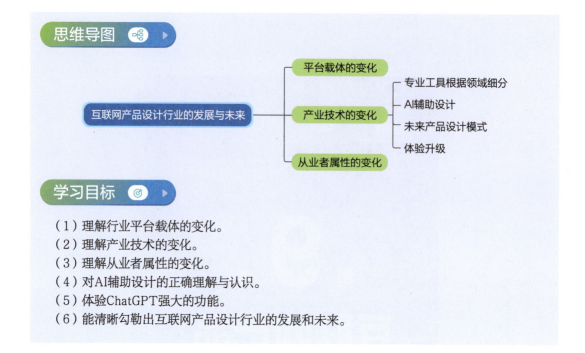

学习目标

（1）理解行业平台载体的变化。
（2）理解产业技术的变化。
（3）理解从业者属性的变化。
（4）对AI辅助设计的正确理解与认识。
（5）体验ChatGPT强大的功能。
（6）能清晰勾勒出互联网产品设计行业的发展和未来。

9.1 平台载体的变化

距离2007年iPhone问世，全面开起移动互联网时代仅仅过去了十几年。十几年前，互联网产品及运营模式主要围绕Web展开，人们的网络生活主要集中于PC端的各种网站。而在移动端应用大发展的2009—2015年，网络用户开始大量地从PC端向移动端迁移。2015年Apple Watch的正式上市标志着智能穿戴设备开始进入人们的生活。短短的几年间，国内的小米以生态链联盟的模式，联合国内外一众优秀品牌集成"米家有品"，打造智能家居系统，主要基于物联网、智能家居及大数据技术，提供智能家居控制、家庭安全、智能家电控制及生态服务。短短16年间，平台载体的变化衍生出各种屏幕尺寸和交互区域不同的设备，使得UI设计师不仅要根据设备形态的不同考虑尺寸和分辨率的变化，还要关注不同场景下的交互体验，甚至是一些非界面交互，例如，语音交互的智能音箱，如"天猫精灵"、亚马逊的"ECHO"等，以及在驾驶车辆时使用的各种智能汽车语音助手。

在未来，服务与技术一方面仍将继续渗透到人们的生活场景中，另一方面将更加贴近人的生活，如各种智能穿戴、智能配饰、辅助特殊人群的智能设备等。设计师在未来应该更加着眼于场景中交互模式的研究，多关注不同场景中不同人群的多样性需求。

9.2 产业技术的变化

随着产业技术的变化，设计师的工作形式和方法将发生巨大的变化，以下将从4个方面进行分析。

9.2.1 专业工具根据领域细分

从Adobe每年宣传"设计全家桶"产品打包销售的方式中我们不难发现，曾经学会Photoshop

就能走天下的设计时代已经结束。2010年Sketch的发布标志着互联网产品UI设计行业不再依赖Adobe家族产品。Figma、MasterGo等在线UI设计工具的出现，让UI设计更加快捷和轻量化。同时，各种模板资源库在线编辑功能的发展，标志着行业工具的服务得到深度提升，已经分担了部分靠模板设计就能满足的需求。与此同时，墨刀、蓝湖等产品设计研发（以下简称产设研）三方协同工具的衍生，实现了对互联网项目的全链路综合协同管理，有效提升了产设研效率，也更加规范了产品设计流程。近十几年间，产设研工具的发展与协同工作平台的同时进步，已经勾勒出一个完整的产品全链路。各企业已经以适应产设研协同工作为用人条件，淘汰了只会单一设计技能的工种。

在未来，企业会更加重视互联网产品设计师全链路思维的培养，养成链路价值观，正确认识设计在整个链路中的作用及位置，为更加高效的产设研协同工作储备知识。

9.2.2 AI辅助设计

1. 提供结果性数据

当下，AI已覆盖产品设计各阶段，ChatGPT从一开始的调研分析阶段已全面提升为可直接提供结果性数据的阶段，如图9-1所示。

2. 根据需求生成整站代码

在产品设计阶段，ChatGPT已经能够根据界面效果图自动写出可以运行的整站代码，如图9-2所示。

图9-1 ChatGPT 演示　　　　　图9-2 ChatGPT根据界面效果图生成的整站代码

3. 根据需求生成设计图

在产品运营阶段，ChatGPT已经做到可以根据运营需求生成产品Banner图、电商图片、艺术性插画等设计图，且可生成多张进行比稿，如图9-3所示。

在插画方面，ChatGPT可以精确理解艺术性概念及文化概念，并根据语义生成插画，如图9-4所示。

图9-3 ChatGPT生成的设计图

图9-4 ChatGPT生成的插画

4. 根据需求生成文案

在文案方面，ChatGPT早期版本就已经能写出与人类逻辑很相近的文案了，虽然内容营养度较低，并且有很多描述错误的地方，不过这些现象都只是因为数据训练不足，经过更新迭代和训练之后，会越来越具有可读性，如图9-5所示。

图9-5 ChatGPT生成的文案

综上所述，目前AI渗透产业链各个环节是以助手和提高效率为落点的，但是在不久的未来占比将越来越大，输出结果的可用性也会越来越高。

9.2.3 未来产品设计模式

1. 反观互联网产品设计工作

现在互联网产品设计工作的3部分内容如下。

（1）采集需求。这部分工作要进行调研、访谈、观察等，这些都受限于人力时间成本，这正是AI的强项——更广的范围、更深入、更实时、更精确。

（2）产品Demo。在目前人力设计的情况下，仅AB版比稿就已经很费人力和时间了，但在AI的辅助下，可以提供更多的对比，对比的维度更丰富、更详细。

（3）设计环节。AI可以使用目前人类掌握的所有工具技能、方式和方法，让设计变得更高效。

图9-6 未来的产品设计模式

2. 未来的产品设计模式

未来的产品设计模式将会直接链接产业链的两端，表现为一端提需求，一端给反馈，在不断描述需求的过程中对AI进行"大数据喂养"，如图9-6所示。

9.2.4　体验升级

在互联网诞生之前，所有服务于人类的产品体验几乎来自工业文明时代，目的为可用和好用，所以我们评价互联网时代的产品还在以可用性测试为基础。在互联网产品趋同的当下，面对行业的内卷，易用性受到追捧。

以前的网站，多文字、少图、工业式交互，现在的网站则表现为高清超大图、视频、3D、人性化交互设计，同时综合考虑视觉、操作、理解等各方面的用户体验。

根据人类对交互区域的无限追求，无边界交互将是未来产品设计的方向，虚拟现实（Virtual Reality，VR）、增强现实（Augmented Reality，AR）设备将真正进入人们的生活，让人类真实世界与互联网的虚拟世界更加无界、更加融合，搭载AI的无边界设备将全面提升感官（眼、耳、鼻、舌、身）交互体验。

9.3　从业者属性的变化

设计学科几乎都衍生于现代设计教育的提出者格罗皮乌斯（Walter Gropius）创办的包豪斯学校。迄今为止，设计师的知识结构都围绕着视觉和美术，职业素养是以训练成为视觉呈现能力出色的美术执行工作者为目标。

未来设计师的知识结构将围绕着洞察、体验、审美和审优的核心技能，洞察发现生活与设计的融合点。设计前带入角色体验环境与流程，设计后体验设计结果，能够精确描述体验感受，并指导AI如何输出正确的结果；在AI助手给出的优秀稿件中，设计师需在审美的基础上敏锐地发现最优方案。未来设计师的职业素养是为各行业产品做艺术性赋能，这需要设计师不断提高对不可量化的艺术性的研究能力，同时在AI不擅长的非硬件逻辑和不可量化的维度上做深度研究。

9.4　习题

思考题 ▶ ▶ ▶

1. 互联网产品设计如何满足用户的需求？
2. 如何提升互联网产品设计的质量？
3. 如何应对互联网产品设计行业的新技术挑战？
4. 如何利用互联网产品设计行业的发展，有效提高客户服务质量？
5. 互联网产品设计行业的发展将会带来什么样的未来？
6. 如何利用AI技术提升互联网产品设计行业的创新力？
7. 互联网产品设计行业如何才能更好地融入移动AI？

实践题 ▶ ▶ ▶

进入ChatGPT官网或者使用AI Mate等AI助理，体验AI辅助设计工具的用法。

[1] Alan C，Robert R，David C，等. About Face 4 交互设计精髓[M]. 倪卫国、刘松涛、薛霏，等译. 北京：电子工业出版社，2020.

[2] Trevor G，Edie A. 情感与设计[M]. 于娟娟，译. 北京：人民邮电出版社，2014.

[3] 李四达. 交互设计概论[M]. 北京：清华大学出版社，2020.

[4] 石云平，鲁晨，雷子昂. 用户体验与UI交互设计[M]. 北京：中国传媒大学出版社，2017.

[5] 余来文，林晓伟，黄绍忠等. 互联网思维：商业模式的颠覆与重塑[M]. 北京：经济管理出版社，2020.

[6] Kathryn M. 原型设计：打造成功产品的实用方法与实践[M]. 吴桐，唐婉莹，译. 北京：机械工业出版社，2019.